CENTENAIRE DE LA NAISSANCE D'AUGUSTE COMTE

19 Janvier 1798 — 19 Janvier 1898.

# APPRÉCIATION GÉNÉRALE
## DU
# POSITIVISME

PAR

## Emile CORRA

Précédée d'une Notice sur la vie et l'œuvre d'Auguste Comte
Par CH. JEANNOLLE.

Prix : 1,50

## PARIS
SOCIÉTÉ POSITIVISTE
10, rue Monsieur-le-Prince, 10.

1898

CENTENAIRE DE LA NAISSANCE D'AUGUSTE COMTE

*19 Janvier 1798 — 19 Janvier 1898.*

# APPRÉCIATION GÉNÉRALE
## DU
# POSITIVISME

### PAR
### Emile CORRA

Précédée d'une Notice sur la vie et l'œuvre d'Auguste COMTE
Par CH. JEANNOLLE.

**PARIS**
SOCIÉTÉ POSITIVISTE
10, rue Monsieur-le-Prince, 10.

1898

DÉDIÉ

## AUX SOUSCRIPTEURS

A LA

# STATUE D'AUGUSTE COMTE

EXPOSÉ SOMMAIRE

# DE LA VIE ET DE L'ŒUVRE

DU

## FONDATEUR DU POSITIVISME

(1798-1857)

---

> Qu'est-ce qu'une grande vie?
> — Une pensée de la jeunesse, réalisée par l'âge mûr.
> (Alfred DE VIGNY.)

Les phases de la vie d'Auguste Comte sont si étroitement liées à l'élaboration de sa doctrine, qu'il est impossible de les exposer isolément de celle-ci. Sa carrière philosophique a été partagée en trois périodes bien distinctes : la première, de *préparation*, de 1816 à 1822; la seconde, de *fondation* (Philosophie positive), de 1822 à 1842; et la troisième enfin, de *constitution* (Politique positive), de 1842 jusqu'à sa mort.

Comte (Isidore-Auguste-Marie-François-Xavier) naquit à Montpellier le 19 janvier 1798. Son père, Louis Comte, était caissier à la recette générale du département, et sa mère, née Rosalie Boyer, catholique fervente, partageait les opinions monarchiques de son mari. Placé de bonne heure comme élève interne au lycée de sa ville natale, et soustrait ainsi à l'influence de sa famille, il était, dès l'âge de 14 ans, complètement émancipé des croyances théologiques et se déclarait ouvertement républicain. Très ardent à l'étude, doué d'une mémoire qui émerveillait ses camarades, il avait, à 15 ans, achevé de la façon la plus brillante ses études littéraires et scientifiques. A la fin de l'année scolaire 1813-1814, il fut reçu à l'Ecole polytechnique, le premier sur la liste de l'examinateur pour le centre et le midi de la France. Il avait dû attendre une année qu'il eût atteint l'âge d'admission, et pendant ce temps il avait, à la demande du professeur, Daniel Encontre, alors malade, professé, avec le plus grand succès, le cours de mathématiques spéciales à ses condisciples.

Entré à l'Ecole polytechnique en 1814, il s'y perfectionna dans l'étude des sciences mathématiques physiques, et sous les professeurs les plus distingués, notamment l'illustre géomètre Poinsot qui devint plus tard son protecteur et son ami.

Mais sa facilité à apprendre lui laissait de grands loisirs, qu'il consacrait à des lectures philosophiques et politiques; ce qui lui avait donné une maturité précoce qu'élèves et maîtres regardaient comme une exception de nature, et dont lui-même avait conscience.

Le licenciement de l'Ecole en 1816, motivé par un acte collectif d'indiscipline, auquel Auguste Comte avait pris une part active, lui ferma la carrière des services publics. Après quelques mois de séjour à Montpellier, où il suivit les cours de la Faculté de médecine, il revint à Paris malgré l'opposition de ses parents qui lui refusèrent toute assistance; et, pour vivre, il dut donner des leçons de mathématiques.

Malgré les difficultés matérielles de sa position, Auguste Comte compléta ses études scientifiques, qu'il étendit à la physiologie, tout en poursuivant ses recherches et ses méditations favorites sur la philosophie de l'histoire. Esprit éminemment coordinateur, il combina bientôt ces deux séries d'études parallèles et vit clairement la possibilité et la nécessité d'appliquer à la politique la méthode rigoureuse des sciences. En 1818, il entra en relation avec Saint-Simon qui, alors âgé de 58 ans, ayant eu pour maître d'Alembert, tenant au XVIII° siècle par ses manières et ses opinions philosophiques, et au XIX° par ses aspirations de rénovation sociale, exerça tout d'abord sur lui une véritable séduction.

Auguste Comte devint son collaborateur et, en cette qualité, écrivit plusieurs articles. Mais ses idées propres, se précisant de plus en plus, se trouvèrent bientôt en tel désaccord avec celles de Saint-Simon qu'une rupture devint inévitable. Saint-Simon, resté déiste, songeait à fonder une religion, le *néo-christianisme*. Il pensait, en outre, que les futurs rapports sociaux devaient résulter d'un *Contrat social*, librement consenti, et dont la rédaction incomberait aux savants. Ceux-ci seraient aussi chargés d'étudier les projets de réformes et deviendraient, par là, les auxiliaires subordonnés des chefs industriels, à qui seuls il appartiendrait d'entreprendre et de réaliser les améliorations, puisque le pouvoir réel, c'est-à-dire la richesse, est entre leurs mains. On va voir que les idées d'Auguste Comte étaient très différentes. La séparation, qui existait en fait depuis plusieurs années, eut lieu seulement en 1824, longtemps retardée par un sentiment exagéré de déférence chez Comte, qui désormais poursuivit seul ses travaux.

Les premiers écrits philosophiques d'Auguste Comte sont :

1° *Séparation générale entre les opinions et les désirs* (1819).

Il y expose que la politique doit nécessairement devenir une science positive, que les savants seuls peuvent indiquer les moyens de réaliser les réformes auxquelles aspire le public, les gouvernants n'étant compétents que dans l'exécution.

2° *Sommaire appréciation du passé moderne* (avril 1820).

Aux deux éléments constituant le régime du moyen âge, le pouvoir spirituel théologique et le pouvoir temporel guerrier, se sont substitués peu à peu, respectivement, deux éléments connexes, la capacité scientifique et la capacité industrielle qui, en s'organisant, constitueront le régime nouveau.

3° *Plan des travaux scientifiques nécessaires pour réorganiser la société* (mai 1822), réimprimé en 1824 sous le titre, alors prématuré, de *Système de politique positive*.

Il y montre qu'une doctrine organique est devenue nécessaire, puisque celle des rois est rétrograde et celle des peuples anarchique. La réorganisation sera lente ; elle exige deux sortes de travaux, théoriques et pratiques, les premiers devant précéder les seconds et leur servir de base. Les travaux théoriques se divisent en trois séries ayant respectivement pour but : 1° de fonder et constituer la science sociale ; 2° de former le système d'idées générales qui doit guider la société, et le système d'éducation destiné à perfectionner la nature humaine ; 3° de concevoir l'ensemble de l'action industrielle des nations civilisées sur la terre entière pour améliorer les conditions d'existence de l'espèce humaine.

Abordant la première série de ces travaux, Auguste Comte découvre la loi de la marche de l'esprit humain dans tous les ordres de conceptions (d'abord état théologique ou fictif, puis état métaphysique ou abstrait, enfin état scientifique ou positif). Cette loi, dite des trois états, est le fondement de la science sociale. Il découvre ensuite l'ordre historique suivant lequel les diverses sciences sont devenues positives ; ce qui est le germe de la philosophie positive.

4° *Considérations philosophiques sur les sciences et les savants* (novembre 1825).

Auguste Comte fait voir que l'ordre historique d'avènement des sciences à l'état positif est celui de généralité décroissante et de complication croissante ; c'est aussi l'ordre suivant lequel elles doivent être enseignées : mathématique, astronomie, physique, chimie, biologie, et finalement physique sociale. La philosophie positive était ainsi conçue dans son ensemble.

Le pouvoir spirituel, dans le régime nouveau, revient nécessairement aux savants, à la condition qu'il se forme parmi eux une nouvelle classe, vouée uniquement aux travaux de physique sociale et de philosophie positive.

5° *Considérations sur le pouvoir spirituel* (mars 1826). — Comte s'attache à montrer la nécessité de l'avènement de ce nouveau pouvoir spirituel, d'abord pour remédier aux graves inconvénients actuels, ensuite pour présider à l'installation du régime nouveau. Il insiste sur le rôle moral qui incombe au pouvoir spirituel : 1° dans les rapports internationaux ; 2° dans les relations de gouvernants à gouvernés, pour déterminer le degré de sacrifice que chacun est tenu de faire à l'intérêt public ; 3° dans les conflits qui tendent à se produire entre les chefs industriels et les ouvriers ; 4° dans le classement social des individus ; 5° dans la conduite privée, pour soustraire l'individu à l'influence exclusive des penchants égoïstes (1).

Il annonçait, en terminant ce dernier écrit, qu'il traiterait ensuite de l'organisation du pouvoir spirituel ; mais, comme il le déclare lui-même, il sentit bientôt la nécessité de suspendre cette série de travaux pour fonder d'abord la doctrine scientifique générale devant servir de base à l'opinion publique.

En avril 1826, Auguste Comte commença l'exposition de son *Cours de Philosophie positive* dont il avait conçu le plan général dans une méditation continue de quatre-vingts heures. Ce cours n'eut que trois séances et fut interrompu par une catastrophe.

Comte s'était marié en 1825. Cette union, qui fut, a-t-il dit, la seule faute vraiment grave de sa vie, fut pour lui une source d'amertumes de toutes sortes et de graves embarras. — Au bout d'un an de mariage, « par un fatal concours de grandes peines morales résultées de cette union et de violents excès de travail », il éprouva une crise cérébrale des plus vives, qu'un traitement irrationnel aggrava tout d'abord, mais qui céda peu à peu à d'affectueux soins domestiques. En 1828, il était complètement rétabli au point de pouvoir écrire : l'*Examen du traité de*

---

(1) Ces premiers travaux, qu'Auguste Comte fit imprimer en appendice à son grand ouvrage : *Système de politique positive*, ont été publiés en un volume séparé sous le titre de : Auguste Comte. *Opuscules de philosophie sociale*, Leroux, 1883.

*Broussais sur l'Irritation et la Folie*, dans lequel il utilisa son expérience personnelle, et de publier le plan détaillé du *Cours de Philosophie positive*. Ce cours fut professé deux fois, en 1829 et 1830. — Des savants de premier ordre : Navier, Poinsot, J. Fourier, Humboldt, de Blainville, Broussais, suivirent ce cours. Au reste, les précédents ouvrages d'Auguste Comte avaient fait sensation. Des personnages marquants dans la science, l'industrie et la politique : Flourens, Ternaux, le prince de Beauvau, de La Mennais, Villèle, Guizot, etc., avaient été frappés de la profondeur des vues et de la grandeur des projets du jeune philosophe ; plusieurs le soutinrent de leur active sympathie.

Il fit paraître son premier grand ouvrage, le *Cours de philosophie positive*, de 1830 à 1842.

Après avoir montré que les sciences abstraites seules, à l'exclusion des sciences concrètes, peuvent être rangées en série, Auguste Comte traite successivement de chacune des sciences abstraites dans l'ordre indiqué précédemment. Il en expose d'abord la méthode, puis il en coordonne les diverses branches par une nouvelle application de son principe de classement ; ce qui lui permet de passer d'une manière presque continue d'une science à la suivante, depuis les plus simples notions du calcul jusqu'aux théories physiologiques les plus complexes.

Il aborde ensuite la physique sociale ou « sociologie », montre qu'elle emploie, outre les méthodes des sciences précédentes (observation, expérimentation, comparaison...), une méthode qui lui est propre, celle de *filiation* historique. Cela posé, il forme le tableau de l'évolution de la civilisation occidentale, dont il place le berceau dans les théocraties de la Chaldée et de l'Egypte, et fait voir comment en dérivent successivement les civilisations grecque, romaine, catholico-féodale, la phase moderne, et enfin la Révolution française, qui achève la destruction du régime des castes et inaugure les temps nouveaux. La théorie positive de l'organisation sociale n'est qu'ébauchée dans cet ouvrage. Auguste Comte annonce qu'il publiera ultérieurement un traité de sociologie où cette théorie sera complètement exposée ; mais il montre déjà que l'ordre est la condition du progrès et que le progrès n'est que le développement de l'ordre fondamental.

Par la fondation de cette dernière science, Auguste Comte complétait le système des connaissances positives et excluait définitivement des recherches portant sur le monde, l'homme et la société toute explication théologique ou métaphysique.

Cette œuvre magistrale fit une profonde sensation dans le monde des penseurs de la France et de l'Occident européen. Lewes, J.-Stuart Mill, en Angleterre, le comte de Stirum en Hollande, Littré en France, adhérèrent ouvertement à ces idées et se proclamèrent, les deux derniers surtout, disciples d'Auguste Comte. Mais aussi cet ouvrage lui attira, a l'Institut et dans les corps savants, de puissantes inimitiés. Incapable de taire, par des considérations d'intérêt personnel, ce qu'il pensait être la vérité, Auguste Comte s'était souvent élevé dans ses écrits contre l'Académie des sciences. Il la jugeait rétrograde parce que, vouée au régime des spécialités non coordonnées, et ne pouvant apprécier que des travaux de détail, elle est nécessairement réfractaire aux vues d'ensemble, aussi indispensables au développement scientifique qu'à la saine éducation de la jeunesse. Malheureusement pour lui, son existence dépendait de ceux qu'il attaquait. Il avait été nommé en 1832 répétiteur d'analyse et de mécanique à l'Ecole polytechnique et, en 1836, examinateur d'admission à cette école ; ces deux fonctions lui furent successivement enlevées malgré la résistance ministérielle : celle d'examinateur en 1844, et celle de répétiteur en 1852. Sa candidature à la chaire d'analyse et de mécanique avait d'ailleurs été repoussée à deux reprises. Privé ainsi de ses moyens d'existence, Auguste Comte, dépourvu de toute fortune personnelle, serait mort dans la misère sans le secours de quelques personnes qui appréciaient la valeur de ses travaux, et en dernier lieu, sans l'appui matériel de ses disciples philosophiques qui, sur l'initiative de M. Littré, fondèrent, sous le nom de Subside positiviste, une modique souscription annuelle qui le mit à l'abri du besoin.

Après la publication de son *Cours de Philosophie positive*, Auguste Comte écrivit un *Traité de géométrie analytique* (1843), puis un *Traité philosophique d'astronomie populaire*, que précédait un *Discours sur l'Esprit positif* (1844). Ce dernier ouvrage était la reproduction du cours public et gratuit qu'il avait commencé à professer en 1830, lors de la fondation, par lui et quelques amis, de l'Association polytechnique. Le cours dura jusqu'en 1848, devant un auditoire composé en majeure partie d'ouvriers, dont quelques-uns devinrent ses disciples dévoués.

Auguste Comte s'était séparé définitivement de sa femme en 1842 ; et leurs relations se bornaient au paiement d'une pension qu'il ne cessa de lui servir malgré sa détresse, s'appliquant ainsi à lui-même la règle qu'il avait formulée : l'homme doit nourrir la femme. Il vivait extrêmement retiré, préoccupé presque exclusivement de la destination sociale et politique de sa philosophie, lorsqu'en 1845, il fit la connaissance fortuite d'une jeune dame des plus distinguées avec laquelle il se lia. Cette liaison, de pure amitié, ne dura qu'un an, M<sup>me</sup> Clotilde de Vaux étant morte le 5 avril 1846 ; mais elle eut une influence profonde sur Comte. Il voua un culte quotidien à la mémoire de son amie, lui rapportant, comme à une autre Égérie, le perfectionnement de sa nature morale, surtout sous le rapport de la tendresse.

Cette excitation continuelle des sentiments affectueux, qui, disait-il, avait toujours sommeillé en lui faute d'objet, le conduisit à donner à son œuvre, jusque-là plus particulièrement intellectuelle et politique, un caractère moral et esthétique.

En 1848, il écrivit le *Discours sur l'ensemble du Positivisme* qu'il appréciait à un tel point, qu'il disait après son achèvement : « Maintenant, je puis mourir ; l'essentiel est fait. » Il y déclare que le Positivisme a pour but de généraliser la science réelle et de systématiser l'état social, et que la réorganisation spirituelle doit commencer par les prolétaires et les femmes, qui sauront l'imposer aux autres classes plus ou moins réfractaires. Il met en lumière l'esprit fondamental du Positivisme, sa destination sociale et politique, son efficacité populaire, son influence féminine, son aptitude esthétique. Il le caractérise par la formule : « l'amour pour principe, l'ordre pour base et le progrès pour but », le condense dans la conception de l'Humanité, le plus grand des Êtres collectifs réels, source, moyen et but des existences individuelles. Il considère enfin les diverses religions comme des acheminements successifs vers la religion finale et universelle de l'Humanité, qui se résume dans la devise : « Vivre pour autrui. »

De 1851 à 1854, Auguste Comte fit paraître le *Système de politique positive instituant la Religion de l'Humanité*, le plus important des ouvrages sortis de sa plume. Le *Discours sur l'ensemble du Positivisme* figure, comme préambule, dans le premier volume ; il y est suivi d'une *Introduction fondamentale*, qui constitue un véritable programme d'enseignement encyclopédique, et dans laquelle on doit signaler notamment la théorie positive de l'âme ou ensemble des fonctions élémentaires du cerveau. Ces fonctions, Auguste Comte les répartit en trois groupes, auxquels il donne respectivement les noms de *Cœur* (penchants ou sentiments), *Esprit* et *Caractère* : le cœur pousse, l'esprit éclaire, le caractère réalise. Les penchants sont personnels ou *égoïstes* (intérêt, ambition) (1), ou bien sociaux ou *altruistes* (attachement, vénération, bonté). La morale a pour but la subordination habituelle de l'égoïsme à l'altruisme, sous la sanction de l'opinion. — Le deuxième volume contient la *Statique sociale ou Traité abstrait de l'ordre humain*. Comte y donne la théorie positive de chacun des caractères communs à toutes les sociétés : 1° la religion, qui rallie les hommes et règle chacun d'eux; 2° la propriété, condition de l'existence matérielle ; 3° la famille, élément de toute société ; 4° le langage, qui relie les familles ; 5° le classement social (gouvernants, gouvernés), formant la structure de l'organisme collectif, et les fonctions correspondantes, dont l'ensemble constitue l'*existence* sociale. — Il termine ce traité par la théorie des limites générales de variations propres à l'ordre humain. Ce deuxième volume comblait la lacune essentielle qu'il avait laissée subsister dans son *Cours de philosophie positive*, où les leçons consacrées à la Physique sociale concernent essentiellement l'évolution.

Le troisième volume contient la *Dynamique sociale ou Traité général du progrès humain*. Enfin le quatrième et dernier volume renferme le *Tableau systématique de l'avenir humain :* théorie fondamentale de l'Humanité; religion universelle et existence normale ; existence affective ou systématisation du culte ; existence théorique ou systématisation du dogme ; existence active ou systématisation du régime ; et enfin tableau de la transition du présent à l'avenir.

Entre la publication du deuxième volume et celle du troisième, Auguste Comte écrivit le *Catéchisme positiviste ou Sommaire exposition de la Religion universelle*. On y remarque : 1° la *Bibliothèque positiviste* ou choix des principaux chefs-d'œuvre de l'esprit humain dans tous les genres, dont Auguste Comte recommande la lecture habituelle ; 2° le Calendrier positiviste, divisé en treize mois de vingt-huit jours et commençant au premier jour

---

(1) *Intérêt* : instincts de conservation de l'individu (nutritif) et de l'espèce (sexuel, maternel), instincts de perfectionnement (destructeur, constructeur); *ambition* : besoin de domination (orgueil), besoin d'approbation (vanité). L'Esprit se divise en conception et expression, la conception se subdivisant en contemplation (concrète, abstraite) et méditation (inductive, déductive). Le Caractère comprend le courage (initiative), la prudence et la persévérance. — La combinaison d'un ou plusieurs penchants, tant égoïstes qu'altruistes, avec une vue de l'esprit, donne lieu aux *fonctions composées* du cerveau (cupidité, avarice, amour, dignité, patriotisme, etc.), d'après lesquelles se caractérisent les actes et les personnes.

de l'année 1789, pris pour l'origine de l'ère moderne. Ce Calendrier est, du reste, concret ou abstrait. Dans le premier, qui, selon Auguste Comte, ne doit avoir qu'un usage transitoire, les mois, les semaines et les jours sont consacrés aux hommes dont les noms rappellent le mieux les diverses phases de l'évolution sociale. Dans le second, qui serait finalement seul employé, les dates sont désignées par des dénominations rappelant les liens fondamentaux (religieux, politique, conjugal, paternel, filial, etc.); les états préparatoires (fétichisme, polythéisme, monothéisme); et les fonctions normales de l'Humanité (le Sacerdoce ou providence intellectuelle, la Femme ou providence morale, le Patriciat ou providence matérielle, le Prolétariat ou providence générale).

En 1855 parut l'*Appel aux conservateurs*. Comte y expose que la devise des hommes d'État, tant que durera l'interrègne religieux actuel, doit être : Ordre matériel, liberté spirituelle. L'ouvrage se termine par cette formule : Le Positivisme vient remplacer la dévotion par le dévouement.

En 1856, Auguste Comte publia la *Synthèse subjective ou Système universel des conceptions propres à l'état normal de l'Humanité*. Cet ouvrage devait se composer de trois parties, dont il ne put écrire que la première, ayant pour titre : *Système de logique positive ou Traité de philosophie mathématique*. La seconde partie, dont il n'a laissé que le plan, aurait été un traité de *morale théorique*, instituant la connaissance positive de la nature humaine, et de *morale pratique* ou théorie positive de l'éducation. Le *Système d'industrie positive* devait former la troisième partie. Comte n'a laissé que le plan général de ces derniers ouvrages, avec de nombreuses indications éparses dans ses autres écrits.

Auguste Comte mourut le 5 septembre 1857, rue Monsieur-le-Prince, n° 10, où il demeurait depuis seize ans. Son appartement a été conservé par ses disciples dans le même état que du vivant de leur Maître. Il est le siège social du Positivisme.

Comte fut inhumé au cimetière du Père-Lachaise, au lieu qu'il avait choisi. Son tombeau a été édifié d'après les indications de son testament, dont toutes les clauses ont été, d'ailleurs, fidèlement observées, malgré l'opposition de sa veuve, assistée de Littré. Ce dernier, après avoir été pendant longtemps le fervent adepte d'Auguste Comte, s'était depuis quelques années séparé de lui.

Auguste Comte avait chargé de l'exécution de son testament treize de ses disciples, sous la présidence de M. P. Laffitte.

Peu de temps après la mort du Maître, M. Laffitte, sur les instances de ses confrères, accepta la direction du Positivisme, dont il inaugura la propagande qu'il n'a cessé de poursuivre avec un succès toujours grandissant. En même temps, il s'efforça de combler les lacunes que la mort du Fondateur laissait dans la doctrine, notamment celles relatives à la morale positive, qui fut professée plusieurs fois, et finalement publiée par lui, comme science distincte, d'après le plan tracé par Auguste Comte. Il consacra, en outre, trois années de son enseignement à l'Encyclopédie concrète : théorie de la Terre, théorie de l'Humanité, théorie de l'Industrie ou réaction systématique de l'Humanité sur sa planète. Ce cours répond à la troisième partie du *Plan de travaux scientifiques* élaboré par Auguste Comte en 1822, et qui devait faire l'objet du dernier volume de la *Synthèse subjective*. A cette Encyclopédie concrète, M. Laffitte a donné le nom de *Philosophie troisième*, la *Philosophie seconde* comprenant l'ensemble des sciences abstraites, de l'arithmétique à la morale, et la *Philosophie première* se composant des quinze lois, énoncées par Comte, propres à toutes les catégories de phénomènes réels. M. Laffitte a publié un *Cours de Philosophie première*, divisé par lui en deux parties : 1° Théorie positive de l'entendement; 2° Lois universelles du monde.

La philosophie positive se trouve ainsi totalement constituée.

On voit par ce rapide exposé, si incomplet qu'il soit, qu'il y a unité complète dans l'œuvre d'Auguste Comte ; aussi a-t-on peine à comprendre que des hommes tels que Stuart Mill, en Angleterre, et Littré, en France, aient cru pouvoir partager cette œuvre en deux parties : la *Philosophie positive*, qu'ils déclarent de tous points admirable, et la *Politique positive*, qui constituerait, par suite du changement de méthode, un retour à la métaphysique et même à la théologie, et dénoterait un lamentable affaiblissement mental.

Si l'on considère que le dernier volume écrit par Comte est un traité de philosophie mathématique traçant un programme détaillé, leçon par leçon, d'enseignement des diverses branches de cette science, sans emploi d'aucun signe ni d'aucune figure, il est impossible d'ajouter foi à cette prétendue déchéance intellectuelle.

Quant au reproche d'avoir abandonné la méthode objective des savants pour la méthode subjective ou *a priori* des théologiens et des métaphysiciens, il prouve que les explications de Comte à ce sujet ont été mal comprises. Il n'est pas inutile de résumer ici les réponses faites maintes fois à ces critiques qui, par le crédit de leurs auteurs, ont détourné longtemps les bons esprits de la lecture des dernières œuvres de Comte, frappées d'avance d'une injuste suspicion.

Auguste Comte n'a nullement abandonné la méthode objective, à laquelle il devait la fondation de la sociologie et qui, seule, — il l'a maintes fois répété, — peut nous conduire à la certitude par le suffisant accord qu'elle établit entre les liaisons hypothétiques par lesquelles notre esprit rapproche spontanément les choses et les liaisons effectives que l'observation constate.

Mais la fondation de la science sociale n'était, pour Auguste Comte, que la première partie du programme qu'il s'était tracé en 1822; il voulut ensuite en aborder la seconde partie, consistant à « former le système des idées générales propres à guider la société et le système d'éducation destiné à perfectionner la nature humaine ».

En d'autres termes, il pensait que, désormais étendue aux phénomènes sociaux et moraux, au delà desquels il n'y a plus pour nous de réalité saisissable, la science, jusque-là exclusivement analytique et par cela même subalternisée, devait enfin prendre, en matière sociale et morale, le rôle de doctrine directrice qu'elle n'avait encore que dans des cas particuliers concernant la modification du monde extérieur; qu'elle pouvait maintenant s'élever à la considération de l'ensemble des choses réelles et tout coordonner par rapport à cet ensemble, en un mot, devenir synthétique.

Or, toute synthèse *réelle*, c'est-à-dire conforme à ce qui a lieu effectivement, consiste à relier entre eux ces deux termes distincts dans lesquels notre esprit décompose fatalement la totalité de ce qui est : le moi et le non-moi ou, d'une manière générale, l'homme et le monde.

Pour opérer cette liaison, l'intelligence, conformément aux lois de sa nature, va du connu à l'inconnu : tantôt du monde à l'homme, en suivant la méthode objective, tantôt de l'homme au monde, du *sujet* pensant à l'*objet* considéré, et c'est précisément cette marche qui constitue la méthode subjective.

Auguste Comte a fait voir que les diverses tentatives de synthèse objective, qui ont suivi chaque pas nouveau fait par la science, ont échoué l'une après l'autre, et qu'il ne pouvait en être autrement. Lors même que les phénomènes les plus complexes en apparence ne seraient au fond que des modifications secondaires des phénomènes plus généraux et plus simples, et que toutes les lois particulières se ramèneraient à une seule, — hypothèse que l'expérience n'a jamais vérifiée et qu'elle semble, au contraire, infirmer, — il n'en serait pas moins indubitable que notre faible intelligence, même si, par impossible, elle arrivait quelque jour à opérer une telle réduction, serait incapable de passer déductivement de l'ensemble aux détails, par exemple, de la loi de la gravitation universelle à la loi de la longévité humaine ou à toute autre loi sociale ou morale. La synthèse objective, ou *matérialisme*, doit donc être regardée comme chimérique.

Il en est de même de la synthèse théologique, qui a présidé jusqu'à présent et préside encore à peu près partout à la direction générale des affaires humaines, sous la forme monothéique, polythéique ou fétichique. C'est bien une synthèse subjective, en ce sens qu'elle a été spontanément construite par l'esprit humain et employée au service de notre espèce, et qu'elle part de la considération de l'homme pour transporter partout le type humain ; mais elle est dépourvue du caractère essentiel de la réalité. On peut y croire ; mais on ne peut en être vraiment certain, puisqu'elle est construite de manière à échapper à toute vérification expérimentale. Elle ne saurait donc garder la direction des intelligences et, par là, des sentiments et des actes, que si la science était incapable d'aboutir à une synthèse, pareillement subjective, mais réelle.

Or, il n'en est pas ainsi. L'homme peut être relié au monde par un intermédiaire réel et non plus fictif. Tout ce qu'il y a de réel se trouve alors considéré de la même manière, c'est-à-dire comme régi par des lois immuables et non plus par des volontés capricieuses, analogues à celles de l'homme. Et cet intermédiaire, dont la notion précise ne pouvait surgir qu'après la fondation de la sociologie, c'est l'Humanité, qu'Auguste Comte a définie comme étant *l'ensemble continu des êtres convergents.* Entre le Monde et l'Homme, a-t-il dit, il faut l'Humanité. L'état synthétique s'obtient en rapportant toutes les sciences particulières à l'Humanité, au persistant effort de qui elles sont dues et qui les a créées pour son utilité. Cette communauté d'origine et de destination permet d'établir entre elles l'unité, autrement impossible à obtenir : il n'y a plus dès lors qu'une seule science, la science de l'Humanité, et c'est la méthode subjective qui sert à en coordonner les diverses parties. Cette coordination consiste en ce que, d'une manière générale, chaque science doit être cultivée et enseignée dans la mesure qu'exige l'intelligence et le développement de la science suivante, la morale se trouvant ainsi le terme et le but de toutes les sciences antérieures.

Loin d'être, comme on l'a dit, en opposition avec la méthode objective, la méthode subjective s'appuie sur elle et la complète, et toutes deux sont scientifiques. Les conceptions émanant de l'une et de l'autre sont des hypothèses ayant pour point de départ, direct ou indirect, la constatation de faits réels ; la différence consiste en ce que celles que fournit la méthode objective ne sont admises que si elles sont vérifiées, tandis que celles de la méthode subjective sont acceptées pourvu qu'elles soient vérifiables, mais seulement à titre provisoire et sous réserve de leur confirmation ultérieure par l'expérience.

On peut donc considérer ces dernières conceptions comme des anticipations plausibles et parfaitement légitimes sur les découvertes ultérieures de la méthode objective, et comme constituant pour ces dernières une stimulation et une direction. Cette influence est d'autant plus sûre que les renseignements qui servent de base aux constructions subjectives sont toujours puisés dans le spectacle de la vie sociale, et qu'elles sont instituées en vue de donner satisfaction à des besoins sociaux plus ou moins urgents. C'est ainsi que la méthode subjective institue des lois artificielles pour remédier aux inconvénients pratiques de notre ignorance des lois réelles ou de leur trop grande complication, sans autre condition que d'être simples et limitées dans l'étendue et la durée de leur application.

La méthode subjective, en vertu de sa constante destination sociale, devient spontanément la régulatrice du travail intellectuel, qu'elle dirige, stimule et au besoin réprime, au nom de l'intérêt public qui demande qu'il soit fait le meilleur emploi possible de la plus précieuse de nos forces, la force mentale.

La méthode subjective a, du reste, concurremment avec les autres procédés des sciences antérieures, y compris la sociologie (procédés dont l'ensemble constitue la méthode objective), son emploi en morale ; puisque c'est au nom de la société et par rapport à elle que sont établies les règles de la morale positive.

La méthode subjective, enfin, n'est que l'extension à de nouveaux cas, — ceux de la modification rationnelle et systématique de la nature humaine et des institutions sociales, traités jusqu'à présent par le seul empirisme traditionnel, — du procédé employé toutes les fois qu'il s'est agi d'applications partielles de la science, pour modifier les choses à notre profit. C'est par ce procédé que s'opère tous les jours le passage de la théorie à la pratique. Il consiste à former d'avance, mentalement, dans son ensemble et ses détails, en vue du but à atteindre, le plan ou projet de la construction que les praticiens devront ensuite réaliser. Au surplus, quand nous faisons servir nos connaissances à la satisfaction de nos besoins, nous avons recours, sans nous en douter, à la méthode subjective. Il ne s'agit donc point d'une création arbitraire enfantée par un cerveau affaibli. Auguste Comte n'a fait, selon sa coutume, que systématiser en la généralisant une méthode spontanée.

Est-il besoin maintenant de faire voir que la méthode subjective d'Auguste Comte n'est ni la méthode théologique, ni la méthode métaphysique. Ces deux dernières consistent à tirer des conséquences de principes fictifs ou abstraits, regardés comme absolus et indiscutables, mais ne comportant ni démonstration, ni vérification; elles n'ont jamais abouti à aucune véritable découverte. Ce ne sont pas elles qui trouvent les moyens de donner satisfaction aux nécessités sociales, — ces moyens ont toujours été suggérés par l'empirisme pratique, — elles n'ont fait que mettre en lumière, pour les faire sanctionner par l'assentiment public, l'harmonie entre ces moyens et les opinions établies.

Il serait aisé de réfuter d'autres objections plus récentes faites à la doctrine d'Auguste Comte, qui, assure-t-on, n'est plus au courant de la science; mais ce serait dépasser les limites restreintes que doit avoir cet exposé. Quoi qu'il en soit, l'unité de l'œuvre d'Auguste Comte est aujourd'hui reconnue de tous ceux qui ont pris la peine de la lire dans l'original, au lieu de s'en rapporter à des appréciations toutes faites, le plus souvent incompétentes. On reconnaîtra aussi la continuité, encore si mal appréciée, qu'il y a entre elle et celle de son successeur, M. Pierre Laffitte, à qui l'on peut appliquer la devise que son Maître avait adoptée : *Nil actum reputans, si quid superesset agendum.*

Ch. JEANNOLLE.

# APPRÉCIATION GÉNÉRALE DU POSITIVISME

DISCOURS PRONONCÉ PAR M. EMILE CORRA

le 23 Janvier 1898

à l'occasion du centenaire d'Auguste Comte.

Mesdames, Messieurs,

Pour honorer dignement la mémoire d'Auguste Comte, dont nous célébrons aujourd'hui le centenaire, le meilleur procédé consiste, je crois, à mettre en parallèle les besoins philosophiques, politiques et moraux de l'esprit humain, lors de son avènement; les impérissables constructions qu'il a conçues et exécutées pour répondre à chacun de ces besoins; enfin, les autres efforts qui ont pu, simultanément ou postérieurement, être tentés dans le même sens.

## I

### Nécessité de la philosophie positive; son institution par Auguste Comte.

L'ancien régime social, auquel les Temps Modernes ont succédé, était caractérisé, philosophiquement, par l'esprit théologique, et, politiquement, par un clergé imbu de cet esprit, par une monarchie de droit divin et par une caste nobiliaire, auprès desquels une nouvelle classe, la bourgeoisie, issue des communes et des corporations d'arts et métiers, conquit graduellement une place de plus en plus importante.

La dissolution de la philosophie théologique, dont l'étude doit d'abord nous occuper plus spécialement, a commencé, dès le moyen âge, avec l'introduction des sciences d'observation, en Europe, par les Arabes ; elle devint très rapide, au xvi° siècle, à la suite de la découverte de Copernic et de la démonstration de Galilée, relatives au double mouvement de la terre ; enfin, le progrès de toutes les sciences positives, dans les siècles qui se sont écoulés depuis lors jusqu'à nous, l'ont achevée et rendue irrévocable.

A la fin du xvi° siècle et au commencement du xvii°, les anciennes habitudes philosophiques et le régime mental correspondant furent même solennellement répudiés par Bacon, Descartes et Galilée, dont les conceptions, les méthodes et les travaux étaient en complète opposition avec toute croyance théologico-métaphysique.

Toutes les découvertes scientifiques postérieures sont également dues à l'abandon manifeste de ces croyances, à la substitution de l'observation et de l'expérience à l'imagination, c'est-à-dire à la substitution de l'esprit positif à l'esprit théologique.

La théologie a été ainsi successivement éliminée, d'abord, des mathématiques, de la mécanique générale, de l'astronomie, de la physique et de la chimie.

Grâce à ce premier travail d'émancipation, la décomposition de l'ancien régime philosophique et politique était à ce point avancée, à la fin du xviii° siècle, que les encyclopédistes se préoccupaient déjà de la constitution de celui qui devait lui succéder, et traçaient, avec une admirable précision scientifique, le plan de l'avenir, en disant qu'il fallait *réorganiser sans Dieu ni roi*.

Cette nécessité est devenue bien plus impérieuse depuis que la théologie a été éliminée de la Sociologie et de la Morale, ses derniers refuges, et depuis que la science, suivant la spirituelle expression de M. Pierre Laffitte, a reconduit Dieu jusqu'à la limite du domaine de l'observation et pris définitivement congé de lui, en le remerciant de ses services provisoires.

Cette chute de la théologie est, en effet, irrémédiable, et les anciennes croyances ont été bannies sans chance de retour; car les conceptions positives sont radicalement incompatibles avec toutes les opinions théologiques, quelles qu'elles soient, et aucune conciliation ne peut les rapprocher. Cette incompatibilité dérive, selon l'observation d'Auguste Comte :

1° De l'immutabilité des lois naturelles découvertes par l'esprit positif, et de la prévision rationnelle des phénomènes d'après ces lois, immutabilité et prévision qui, l'une et l'autre, impliquent l'absence de tout arbitraire divin;

2° De la possibilité de modifier, en notre faveur, l'intensité de ces phénomènes, but journalier de tous nos efforts collectifs ou individuels;

3° Enfin, de l'imperfection souvent grossière de l'ordre réel, cosmologique, biologique, sociologique et moral, que nos lumières nous permettent aisément aujourd'hui de concevoir mieux et plus intelligemment constitué.

Une nouvelle philosophie est donc indispensable, au moins à tous ceux qui ont abandonné les anciennes croyances et qui se trouvent sans méthode, sans signe de ralliement, sans boussole, au milieu d'événements sociaux de plus en plus compliqués.

L'esprit humain ne peut se passer d'un système général de connaissances, d'une conception générale du monde, de l'homme et de la société, qui forment les trois grands objets, universels et constants, de notre activité mentale et pratique.

Ce système, cette conception ont successivement été fétichiques, polythéiques, monothéiques et métaphysiques, c'est-à-dire de moins en moins théologiques, à mesure que la somme de nos ignorances diminuait, et ils se sont tour à tour évanouis pour faire exclusivement place aux conceptions positives.

La philosophie nouvelle ne peut, par conséquent, être que positive. C'est l'esprit positif qui a ruiné l'esprit théologique, et les progrès incessants du premier, correspondant à la désagrégation graduelle du second, ont de plus en plus attesté son efficacité et sa supériorité organiques; il doit nécessairement aboutir à une systématisation, à une foi qui comme les précédentes, règle nos sentiments, nos pensées et nos actes.

La foi positive est même déjà constituée, parce qu'elle est le corollaire forcé de l'esprit scientifique qui, bien plus redoutable que l'esprit critique, agit par substitution; l'esprit scientifique ne détruit que parce qu'il remplace, et, dans tous les domaines, il a remplacé les chimères par des idées positives, reposant sur l'observation, démontrées ou démontrables, que l'esprit public a spontanément adoptées avec une confiance plus sereine que celle qu'il témoignait aux anciennes croyances.

De plus, la foi positive est si profonde et ses dogmes reposent sur une observation si rigoureuse des faits, qu'ils restent immuables et se transmettent, d'âge en âge, sans jamais être revisés.

Il en est ainsi depuis Thalès, Pythagore, Archimède, Apollonius, Hipparque. C'est pourquoi Descartes, continuant la construction de la géométrie, prenait la science au point où ses prédécesseurs l'avaient laissée, et pourquoi Joseph de Maistre se bornait à amplifier la réalité quand il écrivait, dans *les Soirées de Saint-Pétersbourg* :

« Cette espèce de despotisme, qui est le caractère dis-
« tinctif des savants modernes, repose aujourd'hui tout
« entière sur de profonds calculs à la portée d'un très
« petit nombre d'hommes. Ils n'ont qu'à s'entendre
« pour imposer silence à la foule. Leurs théories sont
« devenues une espèce de religion ; le moindre doute
« est sacrilège. Le traducteur anglais de toutes les
« œuvres de Bacon, le docteur Schaw, a dit : ..... *Que
« le système de Copernic a bien encore ses difficultés.*

« Certes, il faut être bien intrépide pour énoncer un
« tel doute. La personne du traducteur m'est absolu-
« ment inconnue ; j'ignore même s'il existe ; il est impos-
« sible d'apprécier ses raisons, qu'il n'a pas jugé à pro-
« pos de nous faire connaître ; mais, sous le rapport du
« courage, *c'est un héros !* »

Quoi qu'il en soit, la quantité d'idées positives qui se sont de la sorte enracinées dans toutes les têtes humaines est maintenant innombrable et hors de toute proportion avec les vestiges théologiques qui peuvent y végéter encore.

En outre, dans tous les domaines, on s'attache à voir les choses telles qu'elles sont, à prendre les faits observés pour base de toute spéculation, à substituer la méthode *a posteriori* à la méthode *a priori*, à délaisser l'inaccessible détermination des causes pour la simple recherche des lois, c'est-à-dire des relations constantes qui existent entre les phénomènes ; bref, on observe partout le mécanisme du monde au lieu de l'inventer.

Les lois naturelles, ainsi découvertes, ne sont que la formulation générale d'un fait particulier rigoureusement observé, et il en résulte que la science, selon la belle remarque d'Auguste Comte, n'est que la systématisation du bon sens, qui a fini par se convaincre que nous sommes simplement les spectateurs des phénomènes du monde extérieur, indépendants de nous, et que nous ne pouvons modifier l'action de ceux-ci sur nous qu'en nous soumettant aux lois qui les régissent.

D'autre part, on veut généralement savoir pour prévoir et agir, et le développement de l'esprit positif ou scientifique a marché parallèlement avec le développement de l'activité industrielle et du sentiment social ; cette évolution n'est nullement fortuite et tient à l'étroite liaison de ces trois aspects de notre nature.

L'esprit positif, aboutissant à l'élimination des puissances arbitraires et à la découverte des lois naturelles, inspire plus d'énergie et de précision dans la modification de l'ordre naturel et substitue nécessairement, au respect d'une providence surnaturelle décevante, le respect de la société et de l'Humanité, dont le concours, dans le présent et dans le passé, ne saurait être mis en doute.

Enfin, la foi positive n'est pas nationale ; elle rallie des hommes appartenant aux nations les plus diverses; elle s'étend à tout l'Occident, à toute la planète.

Déjà Voltaire était frappé de ce fait et le mettait en lumière, quand il disait du xvii° siècle :

« Jamais la correspondance ne fut plus universelle
« entre les philosophes. On a vu une République
« littéraire établie insensiblement en Europe, malgré
« les guerres et malgré les religions différentes. Toutes
« les sciences, tous les arts ont reçu des secours mutuels ;
« les académies ont formé cette République..... Les
« véritables savants dans chaque genre ont resserré les
« liens de cette grande société des esprits, répandue
« partout et partout indépendante.

« ..... On doit ces progrès à quelques sages, à
« quelques génies, répandus en petit nombre dans
« quelques parties de l'Europe, presque tous longtemps

« obscurs et souvent persécutés. Ils ont éclairé et
« consolé la terre pendant que les guerres la déso-
« laient (1). »

Apercevant avec une merveilleuse perspicacité toutes
ces aspirations et tous ces caractères de l'esprit humain,
dès le moment où sa raison se mit à mûrir, Auguste
Comte entreprit de restaurer le grand mouvement
philosophique du xviii° siècle, un instant interrompu
par l'explosion révolutionnaire, puis par l'orgie militaire
du premier Empire, et il commença par systématiser la
philosophie positive.

Considérant, d'abord, qu'il y a entre l'érudition et la
science, entre les sciences spéciales et l'ensemble de la
philosophie positive, la même différence qu'entre une
carrière et un édifice, Auguste Comte sépara systéma-
tiquement la théorie de la pratique, les sciences des
arts correspondants ; il n'incorpora dans la philosophie
que les notions générales fournies par l'objet, les
méthodes, les résultats des sciences, et surtout par les
lois abstraites relatives aux phénomènes, qui peuvent
toutefois être étudiées chez des êtres distincts ; puis, il
réalisa la *Scala intellectui* entrevue par Bacon, en
classant les sciences suivant leur généralité décroissante et leur complication croissante, ordre d'ailleurs
conforme à leur origine, à leur évolution historique et
à leurs dépendances mutuelles.

L'ensemble des idées générales positives se trouve
ainsi coordonné dans une vaste chaîne encyclopédique
comprenant :

La philosophie mathématique ; la philosophie astronomique ; la philosophie physique et chimique ; la
philosophie biologique ; la Sociologie et la Morale.

---

(1) *Siècle de Louis XIV*, chapitre XXXIV, Des beaux-arts en Europe
du temps de Louis XIV.

Les mathématiques qui familiarisent la raison humaine avec un procédé logique, avec une méthode spéciale, la déduction, étudient les propriétés abstraites universelles : le nombre, dont l'étude donne lieu au calcul arithmétique et algébrique ; l'étendue, dont la connaissance constitue la géométrie ; le mouvement, dont la mécanique générale détermine les lois.

Les deux dernières sciences, véritables sciences naturelles ayant l'observation objective pour base, forment le principal domaine des mathématiques ; la mécanique surtout a une grande importance philosophique à cause des lois universelles qu'elle révèle. Ces lois, type parfait des lois naturelles qui ne comportent aucune explication, et ne sont, nous le répétons, que la généralisation de faits particuliers rigoureusement observés, se rapportent :

A l'état d'équilibre ; à la conciliation de l'équilibre et du mouvement ; à l'équivalence de l'action et de la réaction.

La mécanique établit la relation entre les mathématiques et l'astronomie.

L'astronomie, qui a puissamment contribué à la formation de la philosophie positive, au IIe siècle av. J.-C., en ruinant le Polythéisme avec Hipparque, au XVIe siècle, en ruinant le Monothéisme, a pour méthode propre l'observation ; elle contribue à la constitution de la philosophie générale par la théorie du double mouvement de la terre, la prévision des éclipses et la gravitation universelle, dont la pesanteur terrestre, qui établit le passage à la physique, n'est qu'un cas particulier.

La physique a pour objet l'étude du milieu inerte dans lequel nous sommes plongés ; elle utilise plus spécialement l'expérimentation ; elle apprend à se servir scientifiquement de l'artifice des hypothèses, et ses branches, qui correspondent à la diversité de nos sens, montrent l'étroite subordination de nos connaissances à notre propre constitution.

L'électricité, dont les manifestations peuvent donner lieu à des phénomènes de composition et de décomposition, établit la relation entre la physique et la chimie qui a, pour méthode caractéristique, la nomenclature, et pour objet, l'analyse et la synthèse générales des corps.

Les propriétés philosophiques de la chimie sont considérables et se résument dans ces deux formules : — Rien ne se perd, rien ne se crée; il n'y a que des transformations de matières. — Les substances constitutives des êtres vivants sont les mêmes que celles du milieu inorganique, c'est-à-dire de l'air, de la terre et de l'eau.

La chimie organique établit la relation avec la biologie.

La biologie, qui rend familières la comparaison et la classification dont ses recherches imposent l'usage, établit une admirable continuité de l'ordre extérieur à l'ordre humain, auquel elle permet de s'élever : par l'étude des divers degrés de vitalité, végétalité, animalité, socialité; par l'intermédiaire de l'échelle organique paléontologique et contemporaine; et par l'étude des fonctions intellectuelles et morales, rendue positive par Gall et Auguste Comte, que ce couronnement de la biologie suffirait, seul, à immortaliser.

La biologie a pour résultats philosophiques :

L'assimilation de l'homme aux animaux;

La démonstration de cette loi capitale qu'il n'y a pas de fonction sans organe;

La preuve que les lois biologiques gouvernent les fonctions intellectuelles et morales qui ont leur siège dans le cerveau et dont le développement dépend de la société, des contemporains, des ancêtres, et établit la relation entre la biologie et la sociologie.

La sociologie, ou science de l'organisation et du développement des sociétés humaines, constitue, outre la réunion en un même corps de doctrines de toutes les notions philosophiques contenues dans les sciences antérieures, l'addition personnelle d'Auguste Comte au monument grandiose de la philosophie positive. Cette science n'existait pas avant lui ; elle avait été seulement de mieux en mieux ébauchée par Aristote, Bossuet, Montesquieu, Turgot, Condorcet.

La sociologie, qui, comme méthode, se sert plus activement de la filiation ou de la continuité, a pour objet l'étude des lois de convergence et de succession des sociétés, toujours d'après l'observation directe du présent et du passé ; elle détermine les éléments fondamentaux de toute société humaine (la propriété, la famille, le langage, le gouvernement temporel, le gouvernement spirituel ou la religion) et elle suit l'évolution de tous ces appareils.

La religion établit la relation entre la sociologie et la morale, qui développe la méthode subjective, consistant à prendre l'homme pour principe, pour moyen et pour objet. Tandis que toutes les autres sciences sont analytiques, la morale est synthétique ; c'est la seule science complète, celle qui implique la condensation de toutes les précédentes, puisqu'elle a pour but l'institution de la connaissance et du perfectionnement de la nature humaine, et ne peut atteindre ce but sans tenir compte de toutes les fatalités cosmologiques, biologiques et sociologiques, auxquelles celle-ci se trouve assujettie.

J'insisterai, dans un instant, sur la sociologie et la morale positives qui constituent des constructions personnelles d'Auguste Comte, sans rivales et sans modèles ; mais, préalablement, je dois signaler quelques résultats généraux qui émergent, comme des phares lumineux, au-dessus du vaste ensemble de la philosophie positive.

Le premier de ces résultats, c'est une philosophie première, c'est-à-dire une série de lois générales, au nombre de quinze, qui s'appliquent et se vérifient dans chacune des sections de cette philosophie et réalisent cette sorte de méthode et de science générales, propres à éclairer toutes les recherches du savoir humain, que Bacon avait confusément entrevues.

Le second résultat fondamental de la philosophie positive, c'est l'institution d'une méthode générale de raisonnement provenant du concours de toutes les méthodes particulières : déduction, observation, expérimentation, nomenclature, comparaison et classification, filiation, qui constituent la méthode objective, et de la méthode subjective qui résulte de la combinaison de la logique des sentiments, des images et des signes.

De la combinaison des deux méthodes, objective et subjective, résulte la logique positive ou l'art scientifique du raisonnement qu'on ne peut apprendre qu'en raisonnant sur les sujets mêmes d'où il dérive.

D'autre part, la série encyclopédique qui compose la philosophie positive est conforme à l'ordre effectif du développement de la philosophie naturelle qui s'est graduellement élevée du monde à l'homme; c'est la véritable philosophie de l'histoire des sciences.

Elle fournit donc un plan d'éducation rationnelle, scientifique, naturelle, puisque l'individu répète l'espèce.

Enfin, un dernier résultat essentiel, capital, qui se dégage de l'ensemble de la philosophie positive, c'est la notion d'Humanité, déjà clairement conçue par Pascal, quand il disait « que la suite de tous les hommes, « pendant le cours de tous les siècles, doit être consi-

« dérée comme un même homme qui subsiste toujours
« et qui apprend continuellement ».

La philosophie positive, en effet, n'est pas l'œuvre d'un homme, d'une société, d'une époque ; c'est le fruit des travaux des hommes de génie de tous les temps et appartenant à toutes les sociétés soumises à l'évolution Occidentale ; c'est le résultat du concours de toutes les générations qui se sont succédé depuis les temps préhistoriques jusqu'à nos jours ; c'est un patrimoine collectif séculaire à la formation duquel des légions de penseurs ont coopéré et auquel les multitudes elles-mêmes ont participé, en assurant, par leur labeur, la sécurité matérielle et la disponibilité des théoriciens.

Tels sont, mesdames et messieurs, l'œuvre philosophique d'Auguste Comte et ses résultats fondamentaux ; mais, pour honorer dignement la mémoire de ce grand homme, il faut maintenant faire connaître au moins les masses principales de sa construction politique qui n'est ni moins monumentale, ni moins digne d'admiration.

## II

### Nécessité de la politique positive ; son institution par Auguste Comte.

L'ordre politique de l'ancien régime, caractérisé, comme nous l'avons déjà rappelé, par une monarchie de droit divin, une caste nobiliaire privilégiée, un clergé théologique et une bourgeoisie, d'abord très humble, mais qui conquit graduellement, à partir des Croisades, une situation de plus en plus étendue et consolidée, ne fut pas moins troublé que l'ordre mental, par l'évolution des idées et des mœurs, dans les Temps Modernes.

Mais, tandis que les conceptions du nouveau système philosophique éliminaient celles de l'ancien en se substituant à elles pour jamais, les procédés employés pour désagréger et renverser l'ancien régime politique n'avaient qu'une valeur occasionnelle et n'étaient point doués d'efficacité organique intrinsèque.

La doctrine révolutionnaire qui a synthétisé tous ces procédés était une excellente machine de guerre, très apte à saper et à détruire, mais absolument défectueuse pour édifier.

La souveraineté du peuple, par exemple, qui a remplacé l'ancien droit divin des rois, n'est pas moins arbitraire, ni moins fictive, et vouloir l'ériger en système de gouvernement est une absurdité qui ne peut avoir d'autre effet que de déplacer le despotisme et de le retirer des mains d'un seul ou d'une oligarchie pour le confier aux multitudes ou aux assemblées tumultueuses et incompétentes.

Les autres articles du dogme révolutionnaire, la liberté non limitée d'examen, avec ses dérivés, les libertés de parler, d'écrire et de se réunir, l'égalité des conditions, le fanatisme de l'indépendance individuelle, ne sont pas moins dénués de propriétés organiques ; en prolongeant leur influence au delà des temps dans lesquels ils étaient nécessaires, tous ces procédés ont engendré un esprit révolutionnaire chronique, une hostilité sourde contre toute organisation, une disposition naïve à se bercer de l'espoir d'une transformation magique de la société et à imaginer que cette transformation peut résulter d'institutions législatives, soudainement révélées, dans une sorte de rêve prophétique, à des hommes qui, selon la juste remarque de Condorcet, tranchent dans la politique sans avoir pris la peine d'en faire un objet d'étude, tout en jugeant impertinent qu'on prétende savoir l'arithmétique sans l'avoir apprise.

Pourtant, avec le régime de la grande industrie, l'extension de l'activité à toute la planète, l'action et la réaction de toutes les nations les unes sur les autres, l'empirisme politique est devenu notoirement insuffisant. Des vues théoriques, reposant sur l'observation et l'expérience des sociétés humaines, sont indispensables pour résoudre les problèmes journaliers de la politique intérieure et surtout pour suivre

Le long espoir et les vastes pensées.

Une science sociale qui, comme les autres, nous permette de savoir pour prévoir afin de pourvoir, est devenue extrêmement urgente.

D'une part, il faut restaurer l'ordre, la stabilité, le cours pacifique du progrès, au milieu des nations Européennes, désormais stérilement perturbées par l'agitation révolutionnaire.

D'autre part, tous les peuples de la terre étant en rapports constants les uns avec les autres, et la civilisation Occidentale tendant manifestement à devenir prépondérante sur la planète, ceux qui la représentent doivent être capables d'apprécier les autres états de civilisation, et les moyens de les modifier, pour les assimiler tôt ou tard au nôtre. A moins de transformer l'extermination des populations attardées en système général de politique extérieure, il est indispensable d'établir l'harmonie, l'unité, au moins intellectuelles, entre ces populations et les Occidentaux, ce qui suppose la réalisation de cette harmonie parmi ces derniers.

La politique intérieure et la politique extérieure des nations Occidentales ne sont donc que le double aspect d'un même problème qui ne saurait comporter deux solutions différentes et qui exige la connaissance scientifique préalable des conditions naturelles de l'ordre et du mouvement dans toutes les sociétés humaines.

Cette nécessité est si universellement sentie, que des tentatives multiples sont, en maints endroits, faites, dans son intérêt, par des esprits fantaisistes qui, en flattant ainsi la mode, ambitionnent d'acquérir, à bas prix, la réputation de penseurs originaux.

Dans leur avidité sociologique, les novateurs ont même trouvé que la science sociale d'Auguste Comte ne suffisait pas pour rassasier les aspirations mentales de leurs contemporains et ils ont fabriqué des infinités de sciences sociales, sans remarquer que les sciences vraiment dignes de ce nom, les mathématiques, l'astronomie et les autres, ne comportent pas de pluralité.

En réalité, il n'y a de même qu'une science sociale, et c'est au seul génie d'Auguste Comte que revient le mérite et la gloire de l'avoir fondée.

Dès 1819, dans l'opuscule : *Séparation générale entre les opinions et les désirs*, Auguste Comte proclama la nécessité de transformer la politique en science positive, c'est-à-dire en science d'observation.

Pour y parvenir, il sépara encore ici la théorie de la pratique, la science qui prévoit de l'art qui réalise ; il prit pour objet d'étude, non une nation déterminée, mais toutes les sociétés passées et toutes les sociétés présentes, tous les temps et tous les lieux ; il compara tous les états successifs antérieurs des civilisations les plus avancées et leur état actuel, et suivit attentivement l'évolution des sociétés humaines dans le passé, dans le but de prévoir les sociétés futures et de régler le présent ; il s'astreignit, suivant la méthode générale de toute la philosophie scientifique, à ne rien créer, à ne rien imaginer, persuadé, comme Aristote, « que la politique ne fait pas « les hommes, mais qu'elle les emploie tels que la « nature les lui donne » ; il se borna enfin à l'observation positive des phénomènes réels.

C'est ainsi qu'Auguste Comte reconnut, comme une constatation de fait : qu'il n'y a pas plus d'arbitraire populaire que d'arbitraire divin; que les phénomènes sociaux sont assujettis à un ordre fatal, à des lois naturelles, et qu'il découvrit les lois qui régissent l'évolution des sociétés humaines.

Ces lois sont au nombre de trois; mais la plus importante est, sans contredit, la première, la loi de l'évolution mentale, parce que nos sentiments, nos mœurs, nos actes, dépendent de nos croyances; cette loi a été ainsi formulée par Auguste Comte :

« Chaque entendement présente la succession de trois
« états: fictif, abstrait et positif, envers les conceptions
« quelconques, avec une vitesse proportionnée à la
« généralité des phénomènes correspondants. »

Auguste Comte institua ainsi la philosophie de l'histoire et du progrès humain qu'il dégagea d'une étude générale approfondie de tout le passé de la civilisation Occidentale et de ses principales phases : fétichisme, polythéisme (conservateur, intellectuel, social), monothéisme et période révolutionnaire.

Mais Auguste Comte reconnut aussi que le progrès n'est que le développement de l'ordre correspondant et que ce sont les conditions de celui-ci qui régissent les changements qui constituent l'évolution. Il étudia donc cet ordre et le découvrit, et il donna à cette étude positive de l'ordre et du progrès des sociétés humaines le nom de science sociale ou de *sociologie*, aujourd'hui universellement répandu.

Le principe fondamental de cette science est que les sociétés sont, non des collections d'individus indépendants, mais de grands organismes complexes composés d'appareils collectifs solidaires : Propriété, Famille, Langage, Gouvernement temporel, toujours provisoire, Gouvernement spirituel, nécessairement continu.

Le gouvernement spirituel est composé normalement des savants, des philosophes, des poètes, des artistes et de tous les éducateurs qui conservent, combinent et distribuent les capitaux intellectuels accumulés, qui perfectionnent sans cesse la morale, forment l'opinion publique, règlent et rallient les hommes, instituent, en un mot, la Religion, le plus éminent des appareils sociaux; ce mode de gouvernement préoccupa plus activement Auguste Comte, parce qu'il reconnut, dès le début de sa carrière philosophique, qu'un système d'opinions communes, ayant pour but le règlement et le ralliement des hommes entre eux, est un besoin permanent des sociétés humaines, et que ce besoin demeure sans satisfaction dans les sociétés Occidentales, par suite de la décadence des anciennes croyances religieuses.

Auguste Comte s'efforça, en conséquence, de résoudre ce problème par l'unique emploi de la méthode positive, c'est-à-dire en recherchant, à l'aide de l'observation et de l'expérience, les moyens de régler et de rallier les hommes par une opinion commune, convenant, non seulement à tous les contemporains, mais à tous les hommes dans la série des âges, non seulement aux hommes faisant partie de la civilisation Occidentale, mais aux hommes de toutes les sociétés présentes et futures, bref, à tous les temps et à tous les lieux.

Or, quelles sont les opinions nécessairement communes à tous les temps et à tous les lieux, sinon les connaissances scientifiques relatives au monde, à l'homme et à la société, sinon la philosophie positive.

Auguste Comte arriva donc à cette conclusion logique et naturelle que le problème politique moderne n'est pas un problème pratique et législatif, mais un problème philosophique et religieux, se résumant dans la constitution d'un nouveau pouvoir spirituel universel et dans la réalisation de l'unité mentale et morale du genre humain.

Un pareil pouvoir ne suppose pas seulement, en effet,

une communauté d'idées philosophiques étendue à tous les hommes ; il implique aussi une morale universelle, et le génie d'Auguste Comte s'éleva jusqu'à ce dernier sommet qu'il avait, d'ailleurs, de très bonne heure, aperçu et ambitionné de gravir ; car, dès 1820, dans une *sommaire appréciation de l'ensemble du passé moderne*, il écrivait : « Le nouveau système social n'a plus qu'un
« dernier échelon à monter pour parvenir à son entière
« organisation et achever de remplacer l'ancien. Il ne
« reste plus qu'à compléter ses progrès, au spirituel, en
« établissant la morale sur des principes uniquement
« déduits de l'observation. Or, tout est préparé pour
« cela ; les moyens existent, il ne faut que les employer. »

## III

### Nécessité de la morale positive ; son institution par Auguste Comte.

La morale, théorie et règle des mœurs, science et art de nos devoirs, nous enseigne notre destinée positive et les moyens de l'accomplir.

Cette destinée est subordonnée à notre nature physique, morale, intellectuelle, pratique, et aux conditions cosmologiques, domestiques et sociales, dans lesquelles nous sommes placés par la fatalité de la naissance.

La morale constitue l'ensemble des devoirs correspondant à chacune de ces conditions ; c'est pourquoi elle a précédé toutes les sciences et pourquoi toutes doivent aboutir à elle ; instituées par l'homme, elles doivent avoir l'homme pour objet.

La morale est donc le couronnement nécessaire de tout l'édifice de la philosophie scientifique.

« La première science de l'homme, c'est l'homme, » a dit, très justement, madame de Lambert.

Or, actuellement, l'anarchie morale n'est pas moins

développée que l'anarchie mentale et les mœurs ne sont pas moins altérées que les idées.

Les croyances surnaturelles qui servaient autrefois de base à la morale s'étant effondrées, et les croyances positives venant seulement d'être systématisées, « toutes « les passions anarchiques qui fermentent dans le cœur « humain et qui, dans les temps ordinaires, sont com- « primées par la prépondérance d'un régime social « complet », se sont déchaînées, ainsi que l'observait déjà Auguste Comte, en 1826 (1).

Comme la première et la plus éminente sanction de la morale est le contrôle de l'opinion publique, et comme une opinion publique homogène n'existe plus, on ne se reconnaît plus de devoirs personnels, domestiques et sociaux, et les règles morales n'existent plus qu'à l'état d'habitudes personnelles plus ou moins patiemment supportées.

Sous le rapport personnel, la cupidité, la sensualité, l'envie, l'âpre besoin des jouissances matérielles, l'orgueil, la vanité, exaltés jusqu'à la maladie, servent de mobiles à la plupart des hommes.

La jeunesse, qui n'a jamais porté le deuil des libertés publiques ni connu les déchirantes angoisses de l'invasion et du démembrement de la Patrie, est sans idéal, sans nobles sentiments et même sans discipline mentale ; l'instruction, sans éducation, a produit dans les deux sexes des générations

De sots savants plus sots que des sots ignorants.

L'égoïsme a recouvré son caractère bestial et l'intelligence est uniquement préoccupée de le satisfaire : l'activité est désordonnée et l'augmentation de la folie devient le signe pathognomonique de notre époque.

---

(1) Auguste Comte. Considérations sur le pouvoir spirituel, dans les *Opuscules de Philosophie sociale*, page 239.

Le relâchement de la morale n'est pas moins affligeant, sous le rapport domestique.

Le mariage, dans les classes aisées, est une affaire de commerce ou de convenances. La femme n'y est nullement préparée à sa fonction ; c'est un objet de luxe et d'agrément ; niaisement frivole, elle abandonne à des mercenaires l'élevage et l'éducation de ses enfants, pour courir les lieux où l'on s'amuse.

Quant à la femme prolétaire, arrachée de son foyer, internée dans les usines, les ateliers ou les magasins, elle est plus asservie que dans le régime esclavagiste de l'antiquité, où elle remplissait au moins des fonctions intérieures propres à son sexe.

D'autre part, les principes les plus fondamentaux de la famille, le mariage, la monogamie, l'autorité paternelle, les devoirs paternels et filiaux, sont contestés et combattus.

L'éducation des enfants est, ou dépourvue de toute morale systématique, ou confiée à la morale théologique par des parents sans foi.

Enfin, sous le rapport social, la maladie morale est caractérisée : par l'absence d'opinion et de système d'éducation publiques ; par l'épuisement de la grande impulsion altruiste de la Révolution française ; par l'obscurité de la notion de civisme ; par l'instabilité et l'esprit révolutionnaire devenus chroniques.

On ne rencontre plus d'hommes politiques capables de dire comme Danton : « Périsse ma mémoire, et que la Patrie soit sauvée ! » Les vanités du pouvoir, les intrigues électorales, les substitutions de personnes et la corruption des consciences, sont le mobile universel de la vie publique qui n'est plus qu'une concurrence déloyale des rhéteurs et des charlatans aux penseurs et aux hommes d'État qui ont encore le souci du bien public.

Les haines et les égoïsmes de classes se sont réveillés,

frénétiques et impitoyables ; la bourgeoise et le prolétariat sont en guerre ouverte, et nous voyons même se rallumer l'intolérance et les haines religieuses que le voltairianisme semblait avoir définitivement éteintes.

Cette situation générale de la morale présente les plus graves dangers. La chute des civilisations, Egyptienne, Grecque et Romaine, a trouvé ainsi sa cause primordiale dans le relâchement des règles morales et le retour des masses à l'égoïsme primitif, consécutivement à la perte de l'harmonie sociale résultant de l'absence de dévouement des forts pour les faibles et du respect des faibles pour les forts.

Donc, on ne saurait, à moins d'un aveuglement stupide, méconnaître la nécessité d'une morale qui reprenne l'enseignement et la pratique du devoir, qui restaure la culture des affections généreuses, bienveillantes, désintéressées, exerce le sentiment social, lie chaque existence à celle du genre humain et reprenne la direction de l'éducation de l'individu et des masses.

Cette morale, comme la philosophie, comme la politique, ne peut être que positive, c'est-à-dire naturelle, terrestre, humaine et sociale, dans sa source, ses moyens et sa destination, basée, en un mot, sur l'observation et l'expérience.

Ainsi caractérisée, la morale positive prend d'abord pour point d'appui la morale personnelle ; cette morale est, en effet, la base de toutes les autres, car elle embrasse tous les aspects de notre nature : le cœur qui inspire, l'intelligence qui éclaire, le caractère qui exécute.

Le cœur lui-même se décompose en sentiments personnels et en sentiments sociaux ; en ce qui le concerne, le but de la morale positive est de faire prévaloir l'inspiration de la sociabilité sur celle de la personnalité, par la compression de l'égoïsme et l'excitation de l'altruisme.

Toutefois, le Positivisme tempère l'égoïsme sans méconnaître la fatalité de son empire, car toute morale qui en fait abstraction est purement déclamatoire.

« Quand on s'efforce trop de vouloir faire l'ange, disait « Pascal, on ne parvient souvent qu'à faire la bête. »

Aussi Auguste Comte a-t-il résumé cette partie de la morale dans cette formule : « *Vivre au grand jour,* » ce que Pythagore recommandait déjà, en d'autres termes, à ses disciples, quand il disait : « Ne fais rien de vil, « que tu sois seul ou avec d'autres. »

D'ailleurs, le Positivisme se propose plutôt d'exciter les sentiments bienveillants, sociaux, sympathiques, l'altruisme, en un mot, les vertus effectives étant bien supérieures à l'absence de défauts, et la morale consistant surtout dans un effort sur soi en faveur des autres ; sa règle essentielle est : *Vivre pour autrui : la Famille, la Patrie, l'Humanité.*

Le Positivisme qui développe surtout la vénération, le respect des descendants pour les ascendants, des inférieurs pour les supérieurs, du présent pour le passé, excite à pratiquer cette règle, au moyen du respect des parents, du culte privé des morts, de la commémoration quotidienne des grands serviteurs de l'Humanité, des pèlerinages aux lieux illustrés par les grands événements publics ou par le séjour des grands hommes, et au moyen des sacrements, c'est-à-dire de cérémonies publiques destinées à rappeler philosophiquement à chacun de nous, aux principales phases de notre évolution, ou lors des actes les plus décisifs de notre vie, les devoirs sociaux correspondants que nous avons à remplir.

Cette institution qu'un passé, plusieurs fois séculaire, nous a léguée, est si naturelle, si humaine et si indépendante de toute théologie, que les esprits les plus étrangers au Positivisme, les francs-maçons, les socialistes révolutionnaires, l'ont restaurée, et qu'ils ont créé tout un rituel de fêtes publiques pour la naissance, l'adolescence, le mariage et les funérailles.

Mais, au même titre que le cœur, l'intelligence aussi doit être moralisée. C'est un devoir de s'instruire ; autrement, on ne saurait devenir un bon citoyen.

« Toute notre dignité consiste dans la pensée. Tra« vaillons donc à bien penser. Voilà le principe de la « morale, » disait encore excellemment Pascal.

Le Positivisme satisfait merveilleusement cette obligation par l'institution de son enseignement encyclopédique qui embrasse tous les aspects généraux du monde, de l'homme et de la société, et par le choix des chefs-d'œuvre poétiques, scientifiques, historiques et philosophiques, dont Auguste Comte a composé la bibliothèque positiviste.

Il faut se garder de lire sans mesure et sans choix, car, selon la belle observation de Descartes, « la lecture « de tous les bons livres est comme une conversation « avec les plus honnêtes gens des siècles passés qui en « ont été les auteurs et même une conversation étudiée « en laquelle ils ne nous découvrent que les meilleures « de leurs pensées » ; et les Lilliputiens « qui, au dire de « Swift, faisaient aussi peu de cas d'un homme qui « étudie trop que d'un homme qui mange trop, per« suadés que l'esprit a ses indigestions comme le corps », n'étaient point mal inspirés quand ils regardaient « ceux « qui ont de trop grandes bibliothèques comme des ânes « chargés de reliques ».

Pour le Positivisme, la règle générale de la morale intellectuelle est de *savoir pour prévoir, afin de pourvoir*... à notre amélioration physique, intellectuelle, morale et sociale.

Enfin, le Positivisme considère que le courage, la prudence, la fermeté doivent être également tout à la fois excités et réglés, en vue de rendre l'homme plus énergique, mais aussi d'éviter l'instabilité, l'action désordonnée, le gaspillage, au moyen de cette prescription générale : *Agir par affection*.

Et Auguste Comte a résumé synthétiquement l'ensemble de la morale personnelle dans cette chevaleresque formule :

*Agir par affection et penser pour agir.*

Sous le rapport de la morale domestique, le Positivisme est partisan résolu du perfectionnement de la monogamie; il est hostile aux facilités accordées pour le divorce, et, comme le vrai but du mariage, c'est l'enfant, comme la femme est sa première éducatrice, il réclame le maintien de celle-ci au domicile conjugal, où son rôle de ménagère ne peut d'ailleurs pas être suppléé.

*L'homme doit nourrir la femme*, dont le rôle social comme mère, épouse, fille et sœur, est tout intérieur, et la théorie du salaire, si étroitement envisagée par les économistes comme un simple article de bilan, doit être subordonnée à cette considération supérieure.

Quant à la morale civique, le Positivisme professe que toutes les manifestations de l'activité intéressent la société.

*Il n'y a pas de fonctions privées.*

Le respect de l'intérêt social s'impose donc à chacun, principalement au monde du travail, aux entrepreneurs et aux travailleurs, sur lesquels toute la vie pratique de la société repose.

La question sociale consiste à libérer la masse laborieuse de l'oppression matérielle pour lui assurer la possibilité de se perfectionner intellectuellement et moralement, en participant aux avantages, philosophiques, esthétiques et moraux de la civilisation contemporaine, et au premier de tous les bonheurs, celui de la famille.

La solution de cette question dépend, non pas d'une meilleure répartition, mais d'un meilleur emploi des capitaux; de là dérive la nécessité de formuler, d'enseigner les devoirs de la richesse et de moraliser celle-ci.

« La richesse est sociale dans sa source; elle doit
« l'être aussi dans sa destination, pour être employée,
« avec une digne indépendance, au service de la Famille,
« de la Patrie, de l'Humanité. »

Mais les riches, en général, n'adopteront pas ces devoirs spontanément.

C'est pourquoi le Positivisme se propose d'organiser une opinion publique puissante et éclairée, capable d'imposer le respect de l'intérêt public, en coordonnant le prolétariat, au moyen d'un enseignement populaire supérieur, entièrement gratuit, et d'un culte public, concret et abstrait.

Le premier de ces cultes a pour but d'apprendre et de pousser à vivre pour l'Humanité, en honorant tous ceux qui ont vécu pour elle, et spécialement les hommes dignes de servir de modèles sous divers aspects, dont les noms sont rassemblés dans le calendrier positiviste concret, œuvre d'Auguste Comte qu'on ne peut se lasser d'admirer.

Le second calendrier positiviste, ayant pour objet le culte abstrait de l'Humanité ou l'idéalisation systématique de la sociabilité finale, résume en 81 fêtes annuelles la glorification de la Providence humaine, la seule que nous puissions concevoir et vénérer, sous la forme de ses liens fondamentaux : Humanité, Mariage, Paternité, Filiation, Fraternité, Domesticité; de ses états préparatoires : Fétichisme, Polythéisme, Monothéisme; enfin de ses fonctions normales qui sont représentées par : la Femme (providence morale), le Sacerdoce (providence intellectuelle), le Patriciat (providence matérielle), le Prolétariat (providence générale).

Mais toutes les parties de la planète sont actuellement liées les unes aux autres; toutes agissent et réagissent inévitablement les unes sur les autres.

Une morale universelle est, de ce fait, devenue nécessaire. Ni le catholicisme, ni l'islamisme, ni le bouddhisme, ni le confucianisme n'ont pu et ne peuvent l'instituer.

Seul, le Positivisme peut encore résoudre ce problème, attendu que, seul, il comprend les peuples arriérés, fétichistes, polythéistes.

De plus, seules, la science et la philosophie, la foi positive, l'industrie pacifique, peuvent prétendre à l'universalité, et le Positivisme les consacre, d'après l'observation, comme le but assuré auquel l'évolution humaine doit aboutir; il représente donc aussi les fondements inébranlables de la morale universelle.

## IV

### Résumé synthétique de l'œuvre d'Auguste Comte.

Telle est, mesdames et messieurs, l'œuvre d'Auguste Comte, envisagée par ses points culminants; elle présente, comme sa vie, un admirable caractère d'unité, d'homogénéité, de coordination. C'est un tout indivisible.

De la nécessité constatée par Auguste Comte, dès le début de sa vie, de substituer une philosophie nouvelle à la philosophie théologique, ruinée pour jamais, découle la Philosophie positive;

De la Philosophie positive découle la Sociologie positive;

De la Sociologie positive, la Religion positive;

De la Religion positive, la Morale positive;

De toutes, la conception scientifique d'une providence humaine, à laquelle nous sommes exclusivement redevables de tous les biens dont nous jouissons sur cette terre.

Au fond, l'œuvre d'Auguste Comte condense et résout toutes les aspirations, intellectuelles, morales et sociales, de notre temps; c'est la *Somme* du xix° siècle. Rien de ce qui est humain ne lui est étranger.

Elle se compose d'une nouvelle philosophie, d'une nouvelle politique, d'une nouvelle morale, qui prétendent simplement systématiser les besoins spontanés des sociétés modernes, en s'appuyant sur l'observation de l'ensemble du passé humain.

Mais qu'est-ce qu'un système qui comporte une nouvelle philosophie, c'est-à-dire un nouveau dogme, une nouvelle politique, c'est-à-dire un nouveau régime, une nouvelle morale, c'est-à-dire une nouvelle éducation et un nouveau culte? Ce système est une religion, puisqu'il embrasse tous les aspects de la nature humaine et de la société.

Aussi les travaux d'Auguste Comte ont-ils finalement et logiquement abouti à la constitution d'une nouvelle religion, la religion universelle ou la religion de l'Humanité, dont nous venons, en réalité, de décrire sommairement les organes essentiels.

La constitution, puis la pratique de cette religion, est le seul moyen de mettre un terme à l'anarchie morale et mentale, résultant de la coexistence des philosophies théologique, métaphysique et positive; c'est la base la plus solide de la réorganisation sociale; c'est l'unique procédé propre à établir un système durable d'opinions communes convenant à tous les temps, à tous les lieux, susceptible d'éternité et d'universalité.

*Il n'y a pas de synthèse partielle;* il faut rallier les

hommes et les régler par une foi nouvelle, exclusivement positive, tout entière basée sur l'observation et l'expérience, et prenant, suivant la formule générale du Positivisme :

*L'amour pour principe,*
*Et l'ordre pour base ;*
*Le progrès pour but.*

Cette foi, qui ne peut être que positive, nous apprend à connaître, aimer, servir l'Humanité, dont nous pouvons dire, avec bien plus de raison que Thomas-A. Kempis, de Dieu :

« Tu nous parles de tout ; tout nous parle de toi. »

Elle nous permet en outre d'entrevoir, à l'aide des lumières fournies par l'observation du passé, l'avenir de la raison publique et des sociétés humaines ; elle nous montre un idéal réalisable et nous révèle les moyens auxquels nous devons recourir pour le poursuivre et pour l'atteindre.

C'est la solution de tous les grands problèmes qui troublent les sociétés modernes ; il n'y en a pas d'autre ; il ne peut pas en exister d'autre, et, tant que le Positivisme ne sera pas adopté, les nécessités impérieuses auxquelles il répond resteront sans satisfaction et continueront à entraver la marche régulière de l'évolution humaine ; car, même si on démontrait qu'Auguste Comte s'est trompé, dans quelques-unes des solutions qu'il a données, le problème dont il a si rigoureusement formulé les termes et la méthode qu'il a suivie pour le résoudre ne seraient nullement viciés par cette constatation, qui imposerait seulement le devoir de recommencer l'opération avec plus de précision.

Mais Auguste Comte ne s'est pas trompé. Personne jusqu'ici ne l'a démontré, et la pénétration de ses idées, l'influence sociale, de plus en plus étendue, de plus en plus profonde, qu'elles exercent, depuis qu'il a disparu, attestent, au contraire, la puissance d'attraction de son génie et la vertu persuasive de son œuvre en intime harmonie avec les nécessités philosophiques, politiques et morales contemporaines.

## V

### Le Positivisme depuis la mort d'Auguste Comte.

Quand Auguste Comte mourut, ses œuvres, inachevées, étaient à peine étudiées et connues des disciples mêmes qui en attendaient le couronnement annoncé, la morale théorique et pratique, et la théorie de l'industrie.

Les quelques adhérents qu'il avait ralliés étaient jeunes et la plupart incomplètement préparés.

Donc, un triple problème se posait :

Rallier les disciples ;

Apprendre, communiquer, enseigner la foi nouvelle ;

Compléter l'ensemble de sa constitution.

Il fallait un organe pour ces fonctions ; il surgit heureusement avec M. Pierre Laffitte, auquel Auguste Comte avait conféré la présidence de son exécution testamentaire, en l'estimant comme le disciple qui approchait le plus de cœur et d'esprit de la fonction sacerdotale, et le premier auquel il espérait la confier, quand l'âge serait venu.

M. Laffitte se voua d'abord, avec une ardeur, une persévérance, que l'âge seul vient de ralentir, à la propagande du Positivisme, à l'établissement de cet enseignement populaire supérieur, destiné à régénérer les opinions et les mœurs, qui a fait l'objet constant de ses préoccupations, et qu'il inaugura, dès le mois de novembre 1859, par un cours philosophique sur l'histoire générale de l'Humanité, continué pendant plusieurs années.

Puis, M. Laffitte réalisa l'installation systématique de l'enseignement encyclopédique; il exposa graduellement toute la logique positive et constitua ainsi la véritable histoire philosophique des mathématiques; il élabora ensuite le plan du cours de philosophie biologique, exposa la sociologie, dont la diffusion présente une plus grande urgence dans la situation Française, à cause de la persistance des errements révolutionnaires et de la méconnaissance des lois sociales naturelles.

Pour exécuter toutes ces expositions, M. Laffitte déploya une infatigable activité; sans loisirs, pendant longtemps condamné à l'enseignement particulier qui absorbait dix heures de chacune de ses journées, il parvint cependant à propager le Positivisme en tous lieux, dans les villes, les campagnes, les bibliothèques populaires, les associations philotechniques, et, surtout, dans les milieux prolétaires.

Joignant un talent exceptionnel de vulgarisation et une sociabilité exquise à un immense savoir, prolongeant les expositions publiques dans les conversations privées les plus séduisantes, il a, par ces moyens, formé, lui-même, toute une génération nouvelle de disciples, parmi lesquels plusieurs n'ont certainement pas lu les livres d'Auguste Comte en entier, et il a stimulé la vitalité de l'œuvre dont il a recueilli l'énorme héritage.

Je suis de ceux, mesdames et messieurs, qui appartiennent à cette seconde génération de positivistes qui n'a point connu personnellement Auguste Comte, et qui s'est formée à la méditation de ses œuvres, et en suivant les enseignements et les conseils oraux de M. Laffitte; je me fais donc un devoir et un plaisir de déclarer publiquement que je place ce dernier, dans ma filiation intellectuelle et morale, au rang de mes pères spirituels les plus directs et les plus respectés.

Mais M. Laffitte n'a pas seulement propagé le Positivisme ; il l'a complété :

En élaborant la philosophie première, dont Auguste Comte avait seulement formulé les lois ;

En développant plusieurs théories sociologiques de celui-ci, demeurées trop implicites, en particulier celles de la propriété, de la socialisation de la richesse et de la modificabilité sociologique ;

En construisant la théorie des civilisations orientales : Chinoise, Indoue, Islamique ;

En appréciant tous les éléments du calendrier des grands hommes ;

En élaborant la morale positive dont Auguste Comte n'avait laissé que le plan ;

En constituant la philosophie troisième, annoncée par Auguste Comte, sous le titre de : *Système d'industrie positive ou Traité de l'action totale de l'Humanité sur la planète ;*

Enfin, en complétant la philosophie de l'histoire des sciences.

Grâce à tous ces travaux, M. Pierre Laffitte a pris non seulement la succession nominale d'Auguste Comte, mais aussi sa succession philosophique, et la vie, l'œuvre et l'influence sociale de ces deux philosophes ne peuvent plus être désormais séparées l'une de l'autre.

Toutefois, pour se rendre un compte exact de la pénétration du Positivisme dans le monde, depuis la mort d'Auguste Comte, il convient de signaler, à la suite des œuvres de M. Laffitte :

En France :

La *Revue occidentale*, qu'il a fondée en 1877, et toujours substantiellement alimentée ;

Les éditions successives de la Notice sur l'œuvre et la

vie d'Auguste Comte, du docteur Robinet, son résumé de la philosophie positive et ses travaux sur la révolution française, sur Danton, sur Condorcet, sur le culte de la Raison ;

Les travaux biologiques du professeur Ch. Robin et du docteur A.-L. Segond;

Les ouvrages du docteur Audiffrent, sur le cerveau et sur ses maladies ;

Le cours de mécanique générale et d'astronomie populaire professé, pendant plus de vingt ans consécutifs, par M. Lonchampt à l'Association philotechnique ;

L'action exercée au milieu du prolétariat par M. Fabien Magnin et par ses collègues et successeurs ;

Les thèses médicales ou sociologiques, les cours, conférences, pèlerinages et écrits variés des autres disciples français ;

En Angleterre :

La propagande incessante, orale et écrite, de MM. Beesly, Bridges, Congrève, Harrison, Higginson, Lushington, Morisson et autres, leurs travaux originaux sur plusieurs points de la doctrine positiviste, la publication des biographies de tous les grands hommes qui figurent dans le calendrier concret proposé par Auguste Comte, et celle d'une revue positiviste périodique ;

En Suède :

Les nombreuses publications du docteur A. Nyström et la fondation par lui, en 1880, d'un Institut ouvrier, exclusivement destiné à la propagation populaire du Positivisme ;

A Budapest :

L'action de M. Samuel Kun ;

A New-York :

Celle de M. Mac-Gregor ;

Au Mexique :

La fondation, en 1867, par M. Gabino Barreda, d'une école nationale préparatoire positiviste, de plus en plus florissante et estimée;

Au Brésil :

L'influence féconde exercée, dans l'enseignement et dans la politique, par M. Benjamin-Constant Botelho de Magalhaes, fondateur de la République brésilienne, où, depuis 1890, l'encyclopédie des sciences positives, établie par Auguste Comte, sert de programme d'études dans les écoles spéciales de l'Etat.

En dehors de ces créations organiques, qui constituent maintenant, pour le Positivisme, autant de centres d'attraction et de rayonnement, sa diffusion s'est encore effectuée à travers le monde : par d'innombrables appréciations bienveillantes ou critiques, insérées, depuis Littré et Stuart Mill jusqu'à nos jours, dans les journaux, les revues et les ouvrages de librairie de tous les pays ; enfin et surtout, par les rééditions multiples et par la traduction en plusieurs langues des œuvres fondamentales d'Auguste Comte : *la Philosophie positive; la Politique positive; le Discours sur l'ensemble du Positivisme; le Discours sur l'esprit positif*, réédité, à l'occasion de ce centenaire, en France et en Angleterre; *le Catéchisme positiviste; les Opuscules de philosophie sociale.*

L'ensemble de ces résultats, obtenus dans l'espace de moins d'un demi-siècle, démontre clairement l'aptitude du Positivisme à réaliser l'unité du genre humain, que rend objective, en quelque sorte, la présence ou l'adhésion à la cérémonie d'aujourd'hui de représentants des groupes de nationalités diverses et d'hommes de toutes classes, qui, en des points de la planète fort éloignés les uns des autres, marchent maintenant sous sa bannière, hardiment déployée.

## VI

### Comparaison du Positivisme et des autres œuvres philosophiques et sociales contemporaines.

Donc, le Positivisme n'est pas demeuré immobile depuis la mort d'Auguste Comte ; il a continué notoirement à s'établir, à s'étendre, à s'imposer, et, pour achever de rendre justice à la supériorité de son fondateur, il ne nous reste plus qu'à rechercher si, parmi les autres productions de la pensée, au XIX° siècle, il se trouve quelque œuvre analogue, plus puissante, plus féconde, plus intimement liée à l'évolution séculaire de l'espèce humaine, et plus apte à guider celle-ci vers le perfectionnement et le bonheur.

Or, cette recherche demeure stérile et toutes les comparaisons n'ont d'autre résultat que de rehausser, par contraste, l'œuvre d'Auguste Comte, avec laquelle aucune ne peut rivaliser.

En effet, quels sont, pour le Positivisme, les termes de comparaison ?

Sont-ce les travaux de l'Académie des sciences, dont le secrétaire perpétuel a récemment éprouvé le besoin de faire connaître aux lecteurs de la *Revue des Deux-Mondes* son impuissance à rendre justice à la valeur personnelle du fondateur du Positivisme, aussi bien qu'à celle de ses constructions ? Mais la spécialité, l'anarchie, l'incohérence, ont atteint, dans cette assemblée, un tel degré que, chaque année, les académiciens qui se succèdent au fauteuil de la présidence sont réduits à faire à leurs collègues ce souhait dérisoire et toujours vain : « Messieurs ! Ecoutez-vous « les uns les autres. »

Est-ce la philosophie matérialiste ? Mais, tout en continuant à poursuivre, sans succès aucun, la réalisation d'une synthèse objective ramenant tous les phénomènes à l'étude de la matière et de la force, elle n'a pas fourni la moindre lumière à celle des phénomènes sociaux et moraux, dont la connaissance est bien autrement importante pour l'esprit humain, puisqu'ils sont beaucoup plus accessibles à notre intervention modificatrice.

Est-ce la psychologie expérimentale? Mais elle a, tout au plus, perfectionné secondairement la connaissance de la nature humaine, sans aboutir à aucun système d'éducation, privée ou publique, propre à l'améliorer.

Est-ce ce qu'on appelle communément aujourd'hui l'économie sociale? Mais cette étude n'est qu'un prolongement de l'économie politique, et, quoique très digne d'approbation en elle-même, elle reste purement spéciale et ne concerne que les conditions du travail et des travailleurs.

Est-ce la réforme sociale préconisée par Le Play et ses adeptes? Mais cette école a pour objet l'étude des êtres, bien plutôt que celle des phénomènes; elle est à la sociologie abstraite ce que l'anatomie descriptive est à l'anatomie générale de Bichat, ce que l'histoire naturelle est à la philosophie biologique, ce que l'histoire anecdotique est à la philosophie de l'histoire; d'autre part, elle méconnaît que le Décalogue n'a plus qu'une valeur historique, en Occident du moins, et elle a la naïveté de vouloir en faire le fondement d'une philosophie universelle.

Est-ce la doctrine sociale catholique, plus connue sous le nom de socialisme chrétien, très en honneur depuis l'encyclique *Rerum novarum* du pape Léon XIII? Mais les efforts tentés en son nom, pour ranimer le sentiment du devoir social, ne sont qu'une application plus étendue de la charité, dont l'efficacité s'est montrée impuissante à prévenir et à refréner le désordre social et moral; lors du plein épanouissement de la foi catholique, et ils n'ont, en réalité, d'autre but que de revivifier le corps épuisé de l'Eglise et de l'adapter au nouveau milieu ambiant.

Est-ce le socialisme révolutionnaire de Karl Marx qui, dans la pratique, est bien plutôt un parti politique qu'une doctrine? Mais ce socialisme n'a de social que le nom, puisqu'il se préoccupe exclusivement de la socialisation d'un seul appareil organique de la société, le capital ou la propriété, et il ne résout ni le problème philosophique, ni le problème politique, ni les autres problèmes sociaux et moraux.

Le Positivisme, avec ses puissantes attaches historiques, sa lumineuse conception de l'avenir et sa vaste synthèse, se dresse donc vigoureusement fort au-dessus de tous ces petits systèmes fragmentaires, qui, pour la plupart, ne tarderont pas à être ensevelis dans l'oubli.

## VII

### Conclusion.

Cependant, dira-t-on, malgré sa supériorité si manifeste, le Positivisme progresse lentement et il est loin d'avoir conquis l'élite de l'opinion, par l'intermédiaire de laquelle doit s'opérer la régénération des idées et des mœurs.

Quelle est la cause de cette anomalie apparente?

Elle se trouve, en premier lieu, dans l'insuffisance actuelle des moyens de propagande du Positivisme; ses livres, ses cours didactiques, ses apôtres, ses institutions sont en nombre trop réduit, jusqu'ici, pour s'imposer à l'attention générale, et la fonction préalable d'accoucheur d'esprits qui lui incombe n'est pas encore convenablement remplie.

D'autre part, le commun des savants se contente de la gloire à bas prix, et la spécialisation des études donne bien plus aisément satisfaction aux ambitions médiocres.

Suivant la judicieuse remarque de d'Alembert, « on ne pardonne guère aux grands génies d'en savoir tant ; on veut bien apprendre quelque chose d'eux sur un sujet donné, mais on ne veut pas être obligé à réformer toutes ses idées sur les leurs ».

Le développement rapide des sciences spéciales qui ont pris leur plein essor dans ce siècle, la physique, la chimie, la biologie, le champ immense qu'elles ont ouvert à l'activité théorique et pratique, ont fait illusion à la majorité des hommes d'étude ; sous prétexte que le savoir humain est devenu trop vaste pour notre intelligence, ils se sont détournés des méditations philosophiques et confinés dans des domaines circonscrits où les investigations n'exigent que du temps et de la patience ; hors de ces domaines, ils sont insensibles à toutes les autres impressions du monde intellectuel.

Une seule spécialité s'est peu développée, c'est la culture des idées générales et des vues d'ensemble.

Les savants sont même ordinairement incapables d'embrasser toute l'étendue de la science unique dans laquelle ils s'emprisonnent, et l'exagération des travaux d'analyse est poussée à ce point que, dans chacune des sections particulières de l'Académie des sciences, dont nous constations tout à l'heure l'incohérence générale, on est beaucoup plus disposé à faire obstruction devant le géomètre, le physicien, le chimiste ou le naturaliste, préoccupé de la synthèse de la science qu'il cultive, qu'à l'accueillir.

Et cette spécialisation outrée ne se manifeste pas seulement dans l'ensemble de l'Académie des sciences ;

elle est en outre le caractère de chacune de ses sections, au dire d'un de ses membres les plus illustres, M. Berthelot. « C'est ainsi, dit-il, que l'on a vu souvent
« l'homme médiocre, qui ne donne ombrage à personne
« et qui s'enferme dans une étroite spécialité, prévaloir
« sur le savant indépendant et philosophe qui sait
« embrasser les rapports des diverses parties de la
« science. Non seulement l'étendue de l'esprit et
« l'aptitude à concevoir des vues d'ensemble et des
« théories générales ont cessé d'être regardées comme
« des titres aux yeux des sections, mais ces qualités ont
« été parfois tournées en objections contre les hommes
« qui briguaient le suffrage de l'Académie (1). »

En outre, l'esprit critique, dont l'activité a été si longtemps nécessaire pour dissoudre et éliminer les croyances et les institutions devenues caduques, a ruiné l'ancienne discipline intellectuelle et morale, déterminé un réveil puissant de l'indépendance et de la personnalité humaine, et fait régner en maître l'esprit révolutionnaire dans la Philosophie et dans la Morale, aussi bien que dans la Politique.

Or, la philosophie positive démontre et proclame que la soumission est la base du perfectionnement; elle enseigne la vénération et l'abnégation personnelle; elle fait absorber l'individu par l'Humanité et elle lui impose des devoirs plus austères, plus difficiles, que les philosophies qui l'ont devancée, sans lui offrir d'autre récompense que la satisfaction du bien accompli et l'estime publique des contemporains et de la postérité.

Elle surgit donc dans un milieu social peu favorable, au sein duquel la vitesse acquise par le mouvement de dissolution conserve encore assez d'énergie pour entraver le mouvement de reconstitution dont elle prétend

---

(1) Berthelot, *Science et philosophie*, page 191.

assurer désormais la prédominance, et elle heurte nécessairement des penchants, des préjugés, et même des intérêts multiples et variés.

Puis, le Positivisme exige une subordination rigoureuse et patiente de l'imagination à l'observation, et, faute d'une culture familière de l'esprit positif, la masse humaine est encore disposée spontanément à combiner confusément l'objectif et le subjectif, et à prendre ses désirs impulsifs pour des opinions.

A cet égard, le Positivisme a même trouvé des obstacles à son développement parmi les positivistes eux-mêmes, dont quelques-uns ont provoqué une légitime méfiance en poussant l'admiration pour Auguste Comte jusqu'à la plus aveugle idolâtrie, et le respect pour ses œuvres jusqu'à penser qu'elles constituent une nouvelle Bible, un Syllabus infaillible, qu'on doit se borner à réciter dévotement, sans se permettre d'examiner si toutes les vues d'avenir qu'elles renferment ont le même caractère de positivité et d'opportunité que les découvertes fondamentales de ce grand génie.

Il est vrai que, quelque opinion qu'on ait sur les causes diverses de la lenteur relative d'extension du Positivisme, on ne peut se refuser à reconnaître que son influence n'est pas limitée au nombre des adhérents qui acceptent hautement l'ensemble de ses doctrines.

En dehors d'eux, il a modifié beaucoup d'autres esprits qui s'inspirent des idées et des méthodes d'Auguste Comte, et plusieurs formules positivistes, des expressions propres, passées dans la circulation philosophique, sont même journellement employées par des hommes de lettres qui ne sauraient en indiquer la source.

Enfin, des hommes d'Etat de premier ordre, comme Gambetta et Jules Ferry, en France, ont pris le Positivisme pour régulateur suprême de leur politique.

D'ailleurs, aucun positiviste, véritablement pénétré

par l'esprit positif, ne peut s'alarmer ni même s'étonner de la manière dont la marche de notre doctrine s'effectue; car, si cette allure n'est point assez accélérée, au gré de nos désirs, elle est en pleine conformité avec la loi naturelle qui, de toute éternité, a gouverné la progression sociale.

La philosophie de l'histoire démontre, en effet, qu'il n'y a pas de réforme à la fois immédiate et radicale. Aucune transformation profonde n'est instantanée, et réciproquement; ce fait, indiscutable en Biologie, ne l'est pas moins dans la Sociologie, étroitement subordonnée, en ce cas, à la science antérieure, puisque toute modification des idées et des mœurs suppose un phénomène correspondant dans les habitudes mentales et morales, c'est-à-dire dans l'ensemble de la physiologie cérébrale des hommes.

Un semblable résultat exige l'influence convergente des générations successives. C'est pourquoi les sociétés humaines ont passé, par degrés insensibles, de l'état nomade à l'état sédentaire, de la barbarie à la civilisation, de l'esclavage à la liberté, de l'esprit théologique à l'esprit scientifique; aucune date précise ne peut être assignée à ces grands changements du spectacle de l'histoire qu'on peut tout au plus rapporter à des périodes embrassant plusieurs centaines d'années.

Le passage à l'état positif définitif comportera peut-être la même durée séculaire. Suivant la très juste observation de Montesquieu, « la politique est une lime « sourde qui use et qui parvient lentement à sa fin ».

Cette action moléculaire, opiniâtre et silencieuse, convient d'autant mieux au Positivisme, qu'il repose essentiellement sur l'observation et la méditation, et comporte l'exercice systématique des plus éminentes facultés de l'entendement, tandis que les phases antérieures de l'évolution se traduisaient seulement par une diminution croissante de l'esprit théologique, qui, depuis l'éclosion de la raison humaine jusqu'à l'épanouissement de l'esprit scientifique, est demeuré l'inspirateur et le régulateur dominant de la philosophie.

Aussi, primitivement, Auguste Comte ne se faisait-il aucune illusion sur l'intensité et la vitesse du mouvement positiviste; il est du moins permis de l'inférer du passage suivant de ses opuscules de philosophie sociale :

« Il s'agit de la plus grande révolution qui puisse
« jamais avoir lieu dans l'espèce humaine, la transition
« directe de l'état théologique et militaire à l'état positif
« et industriel; relativement à cette révolution, toutes
« les révolutions antérieures n'étaient que de simples
« modifications (1). »

Mais, ainsi que je l'ai démontré, je crois, dans les premières parties de ce discours, l'avènement de ce nouveau régime, qui n'est que la conclusion logique de l'évolution persistante de l'Humanité, est inévitable, et nous pouvons dire avec plus d'énergie et de raison que J. de Maistre :

« Nous touchons à la plus grande des époques reli-
« gieuses, où tout homme est tenu d'apporter, s'il en a
« la force, une pierre pour l'édifice auguste dont les
« plans sont visiblement arrêtés (2). »

---

(1) Opuscules d'Auguste Comte, page 239.
(2) J. de Maistre : *Le Pape*, I, page 14.

# COMITÉ DE LA STATUE D'AUGUSTE COMTE

La circulaire ci-dessous vient d'être lancée en vue d'obtenir du public un concours matériel au projet d'érection d'une statue à Auguste Comte, sur l'une des places publiques de Paris :

*Paris, juin 1898.*

M.

Au lendemain de la célébration, le 19 janvier dernier, du centenaire de la naissance d'Auguste Comte, il s'est formé, sous la présidence de son plus ancien disciple, M. Pierre Laffitte, une Commission ayant pour but l'érection à Paris, en 1900, d'une statue au Fondateur de la science sociale et de la philosophie scientifique, que Gambetta proclamait le plus grand penseur du siècle.

La Commission crut devoir avant tout solliciter le concours et l'appui de ceux — quelles que fussent leur nationalité ou leur position sociale — de qui le nom et l'œuvre d'Auguste Comte étaient vraisemblablement connus. Elle se persuadait que beaucoup d'entre eux, lors même qu'ils n'admettraient pas toutes ses conceptions, tiendraient à honneur de le signaler au public, à cette occasion, comme ayant posé sur ses véritables bases et résolu dans une large mesure le problème de l'avenir humain.

Ce problème, en effet, tel qu'Auguste Comte l'a lui-même énoncé au début de sa carrière, consiste à faire reposer désormais le gouvernement des sociétés sur des principes exclusivement scientifiques, c'est-à-dire toujours démontrables ou tout au moins vérifiables. Ce sont, en effet, les seuls sur lesquels tous les esprits puissent se mettre d'accord, et la science seule est compétente pour indiquer les moyens, vainement cherchés jusqu'à notre époque, de réaliser le progrès sans compromettre l'ordre, de maintenir l'ordre sans sacrifier la liberté, de rendre, enfin, par de paisibles et fécondes transformations, la révolution inutile et la réaction impossible. C'est aussi au nom de la science et par une éducation commune à toute la jeunesse des deux sexes, qu'Auguste Comte voulait donner aux individus la connaissance et le sentiment de leurs devoirs envers la Société et l'habitude de l'effort sur soi-même, condition nécessaire de tout progrès véritable.

C'est à mettre la science en état de jouer ce rôle de doctrine directrice qu'Auguste Comte a, pendant près de quarante ans, avec une ténacité indomptable, consacré les puissants efforts de son génie. La mort ne lui a pas permis de couronner son œuvre, certaines parties en seront peut-être un jour revisées ; mais les bases de sa gigantesque construction restent inébranlables et sont maintenant admises de tous les esprits au niveau de leur temps. Le nombre d'idées émanant de lui et qui sont, pour ainsi dire, passées dans la circulation, est incalculable. Il a certainement imprimé à l'esprit public une orientation et des habitudes nouvelles, manifestes surtout en France, mais qui se retrouvent partout à des degrés divers. Il est véritablement, comme on l'a dit, le maître de la pensée moderne et son influence grandit chaque jour. La statue qu'il s'agit de lui élever n'ajouterait rien à sa gloire ; elle ne ferait que la consacrer.

L'appel de la Commission exécutive, en vue de former un Comité de patronage, a été entendu. De nombreuses adhésions lui sont venues de toutes parts ; elle en attend de nouvelles, notamment de l'étranger, sur lesquelles elle peut compter absolument, mais qui n'ont pu lui parvenir encore, de sorte qu'il n'est pas possible de constituer actuellement ce Comité d'une manière définitive.

Mais le temps presse : les délais nécessaires à la bonne exécution du monument seront considérables et l'on ne peut songer à l'entreprendre tant qu'on n'aura pas réuni un nombre suffisant de souscriptions.

La Commission exécutive se voit ainsi dans la nécessité de s'adresser elle-même, directement, au grand public ; mais elle estime que la liste, ci-jointe, des personnes qui ont consenti à faire partie du Comité de patronage est déjà, quoique bien incomplète, assez considérable pour présenter toute garantie relativement à la convenance et à l'opportunité de la tentative.

Le succès, M        , dépend en partie de vous. Il ne vous échappera pas, après les explications précédentes, corroborées par les adhésions déjà reçues, que l'érection, à Paris, en 1900, de la statue d'Auguste Comte, à la suite d'une souscription véritablement universelle, aurait une portée considérable, à la fois sociale et politique.

Nous espérons donc, M            , que vous voudrez bien vous associer à cette œuvre, par l'envoi d'une souscription, qui sera reçue avec reconnaissance.

Pour la Commission exécutive<br>
du Comité de la Statue d'Auguste Comte :<br>
Le <i>Secrétaire</i>, Ch. JEANNOLLE.

*Prière de faire parvenir les envois de fonds et communications quelconques à l'adresse suivante :*

M. Ch. JEANNOLLE, *10, rue Monsieur-le-Prince, Paris.*

## PROGRAMME

### De la Société positiviste d'Enseignement populaire supérieur.

Le but de cette Société est de mettre à la portée de toutes les classes de la population les résultats généraux de l'évolution intellectuelle et morale de l'Humanité, coordonnés et synthétisés au point de vue humain ou subjectif.

Sans s'interdire l'emploi des divers moyens propres à accroître son influence légitime, elle agit surtout par voie d'enseignement et s'adresse directement au public, sans distinction d'âge, de sexe ou de position sociale, pour lui faire connaître et partager ses vues sur les questions fondamentales relatives à l'homme et à la société.

Ses doctrines étant *exclusivement scientifiques*, c'est-à-dire toujours susceptibles de démonstration ou de vérification, et comprenant l'ensemble du savoir humain, elle se flatte de parvenir sûrement, dans un temps d'autant plus court qu'elle disposera de ressources plus considérables, à mettre un terme au désarroi actuel des esprits, qui met la division jusque dans les familles, menace la paix publique et s'oppose à l'organisation républicaine de notre pays, ainsi qu'à notre influence au dehors. En donnant d'abord aux adultes et plus tard à la jeunesse ces convictions inébranlables que la science seule peut produire, elle établira peu à peu la communauté d'opinions, sur les points essentiels, entre toutes les parties de la population. On verra ainsi succéder aux brusques et redoutables oscillations qui nous rejettent tour à tour de la rétrogradation à l'anarchie, et réciproquement, une marche graduelle et régulière vers l'amélioration de notre situation politique, économique et sociale, et aussi vers notre propre perfectionnement physique, intellectuel et moral.

Il suffit pour cela que nous soyons mieux instruits des conditions d'existence et de développement des sociétés, et que nous connaissions exactement nos devoirs envers la Famille, la Patrie et l'Humanité, par qui nous vivons et pour qui nous devons vivre.

Eclairer le public sur ce qu'il lui importe le plus de bien savoir, tel est le but que poursuit le Positivisme.

L'enseignement se fait surtout par la parole dans des cours et conférences entièrement publics et toujours gratuits, et par la plume : livres, brochures, affiches, circulaires, *Revue occidentale* (on peut se les procurer au siège social).

Pour faire partie de la Société, il faut être émancipé de la théologie et de la métaphysique, et accepter la discipline mentale et la discipline morale instituées par Auguste Comte, c'est-à-dire : 1° se conformer aux préceptes de la *méthode positive objective*, complétés par ceux de la *méthode positive subjective*; 2° reconnaître que chaque vie humaine a pour destination le service de la Famille, de la Patrie, de l'Humanité.

A ces conditions, la Société accepte, à titre de *membres correspondants*, les citoyens de la province et de l'étranger qui désirent être tenus au courant de ses travaux et y participer.

Les demandes d'admission doivent être soumises au directeur, M. Pierre Laffitte; mais, en raison des occupations absorbantes de la Direction, elles devront être adressées d'abord à M. Ch. Jeannolle, 10, rue Monsieur-le-Prince, qui se chargera de les transmettre à M. P. Laffitte.

*Jusqu'à ce jour, les frais de l'Enseignement populaire supérieur ont été couverts presque exclusivement par les cotisations des seuls positivistes (1), sans que le public ait donné autre chose qu'un vague appui moral, précieux sans doute, mais insuffisant. C'est pourquoi la Société fait appel aux personnes qui, sans être ralliées complètement au Positivisme, acceptent cependant ses principaux points de vue et reconnaissent l'utilité sociale de sa propagande. Elles considéreront certainement comme un devoir d'apporter leur concours matériel à son entreprise de rénovation sociale et morale, soit en s'abonnant à la* **Revue occidentale**, *soit en adressant leurs souscriptions indépendantes, si modestes soient-elles, à*

*M. Emile Antoine, Trésorier, 8, rue Méchain,*

ou *à M. Rousseau, au siège de la Société positiviste, 10, rue Monsieur-le-Prince.*

---

## PROGRAMME

### Du Cercle des prolétaires positivistes de Paris.

*But.* — Le Cercle a pour but :

1° De mettre ses membres au courant, d'abord, de tous les faits

---

(1) Nous rappelons que la seule obligation pécuniaire imposée à tous les positivistes, sans exception, est celle de participer au *Subside*, fondé par Auguste Comte, pour instituer le *Sacerdoce de l'Humanité*, et dont le minimum a été fixé par lui à un centime par jour, c'est-à-dire 3 fr. 65 par an. Si les positivistes veulent que les frais inévitables de la propagande soient régulièrement acquittés, s'ils désirent que son action conserve sa stabilité et gagne en développement, ils doivent comprendre qu'une coopération très exacte est indispensable et que les versements annuels doivent être effectués avant le 15 décembre au plus tard, pour que les comptes puissent être arrêtés le 31 du même mois.

se rattachant directement aux rapports du capital et du travail ; ensuite, des principales études faites sur ce sujet par les différentes écoles socialistes et économistes ;

2° De rechercher les solutions fournies par le Positivisme pour les questions sociales sur lesquelles l'attention générale est attirée, soit par les faits eux-mêmes, soit par l'action de la presse, soit par l'intervention gouvernementale;

3° De porter à la connaissance du public les solutions positivistes au moyen de circulaires, brochures, affiches, pétitions, correspondances et délégations aux réunions ouvrières.

*Admission.* — Pour être reçu membre du Cercle, il faut :

1° Admettre que les phénomènes sociaux et moraux sont soumis, comme tous les autres, à des lois naturelles qui sont indépendantes de toute volonté arbitraire, divine, royale ou populaire.

Par conséquent, les membres du Cercle doivent être émancipés : d'abord, des idées théologiques, c'est-à-dire, être décidés à réorganiser sans Dieu ni roi ; puis, des idées métaphysiques et ne croire ni au dogme de l'égalité, ni à la souveraineté absolue du peuple, comme bases de l'existence sociale.

Le suffrage universel peut bien faire surgir les pouvoirs publics, mais il est évidemment incapable de trouver la solution des difficiles problèmes de la sociologie et de la morale, les plus compliquées de toutes les sciences.

2° Reconnaître que la richesse est sociale dans sa source et doit l'être dans sa destination, tout en conservant une appropriation personnelle, condition indispensable de tout progrès. Par conséquent, considérer le détenteur des capitaux (terres, machines, etc.) comme un fonctionnaire social devant administrer au grand jour, pour le service de tous, une portion du capital de l'Humanité, sous sa responsabilité propre et la pression ou le contrôle de l'opinion publique régénérée.

3° Considérer le salaire non pas comme destiné à payer ou comme pouvant payer intégralement la valeur du service rendu, valeur qu'il est impossible de déterminer exactement, mais simplement comme l'indemnité nécessaire, dans un milieu donné, à l'entretien du travailleur et à celui de sa famille.

4° Accepter, comme principe fondamental, que l'installation définitive des institutions que comporte l'ordre nouveau doit être précédée, comme garantie de sécurité et de stabilité, d'une complète réorganisation des opinions et des mœurs, que le souci de la dignité humaine interdit de demander à aucun procédé militaire, guerre, coup d'État ou émeute. Par conséquent, n'avoir recours à la force que dans le cas où la libre expansion des idées par la plume et la parole et où le contrôle des citoyens sur l'exercice des pouvoirs politiques et industriels seraient entravés par un gouvernement despotique; en un mot, dans le cas où l'existence de la République serait menacée.

5° Le Cercle se compose d'ouvriers manuels et d'employés. Ne sont pas reçus à ce titre les marchandeurs et membres d'associations coopératives.

6° En outre des travailleurs formant la partie fondamentale du Cercle et ayant seuls voix délibérative, sont reçus, à titre honoraire ou consultatif, les citoyens occupant d'autres fonctions sociales, s'ils acceptent le programme ci-dessus.

7° Aux mêmes conditions, le Cercle accepte, à titre de membres correspondants, les citoyens de la province et de l'étranger qui désirent être tenus au courant de ses travaux et y participer.

8° Les demandes d'admission doivent être adressées au Président, 10, rue Monsieur-le-Prince, qui statuera après avoir provoqué les avis des membres du Cercle.

*Administration.* — 1° Le Cercle est administré essentiellement par son Président, qui choisit sous sa responsabilité un Secrétaire et un Trésorier. Le Président désigne aussi, avec l'approbation du Cercle, un Vice-Président qu'il prépare à lui succéder, en cas de retraite.

2° Les Assemblées générales ordinaires ont lieu le dernier samedi de chaque mois. L'ordre du jour comporte d'abord une revue de la presse socialiste et du mouvement ouvrier pendant le mois.

3° Les dépenses extraordinaires (convocations, achat de journaux, correspondances) sont couvertes par le droit d'adhésion fixé à un franc et par une cotisation mensuelle de 25 centimes au minimum, auxquels sont astreints tous les membres du Cercle indistinctement.

4° Les dépenses extraordinaires (brochures, affiches, délégations) sont couvertes par des souscriptions spéciales.

5° Tout membre en retard de six mois dans le paiement de ses cotisations sera averti par lettre et déclaré démissionnaire un mois après, s'il n'a pas régularisé sa situation.

Les membres du Cercle doivent, autant que faire se peut, être adhérents à la chambre syndicale de leur corporation.

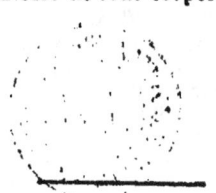

# PRINCIPALES
# PUBLICATIONS DE L'ÉCOLE POSITIVISTE

### En vente aux Bureaux de la REVUE OCCIDENTALE
OU CHEZ LES ÉDITEURS DONT LES NOMS SONT MARQUÉS ENTRE PARENTHÈSES

**EMILE ANTOINE.** — *De la Morale positive*, 3 fr. 50. — *Notice sur M. Pierre Laffitte*, 1 fr. — *Conseils de Condorcet à sa fille*, 0,50 c.

**Dʳ AUDIFFRENT.** — *Appel aux Médecins*, 1 vol., 3 fr. 50.

**A. M. AUZENDE.** — *Considérations générales sur les tonalités*, 0,50 c.

**CH. AVEZAC-LAVIGNE.** — *Diderot et la société du baron d'Holbach*, Paris (Ern. Leroux), 1 vol., 7 fr. — *Traduction française de la Condensation par miss Martineau, de la Philosophie positive*, 2ᵉ édit., 2 vol., 16 fr. — *Traduction française du Nouveau Calendrier des Grands Hommes*, par F. Harrison, 2 vol., 13 fr.

**Dʳ LUIZ P. BARETTO.** = *Positivismo e Théologia*. = *As tres Philosophias* : 1ª parte : *Philosophia theologica*, S. Paulo, 1874 ; — 2ª parte : *Philosophia metaphysica*, S. Paulo (Brésil), 1876.

**CABINO BARREDA.** — *Apreciacion de los progressos de la Astronomia fisica o mejor de la Fisica astronomica : Estudio brajo el punto de vista positivo*. Mexico.

**F.-B. BARTON.** — *An outline of the positive religion of Humanity of A. Comte*. London, 1867 (Truelove). — *The religion of Humanity*. 1877.

**TEIXEIRA BASTOS.** — *Principios de Philosophia positiva extrahidos de Curso de Philosophia positiva de A. Comte*. Porto, 1883 (Magalhaes et Moniz), 2 vol. in-8º.

**E.-S. BEESLY.** — *The Social Futur of the Working Classes*, London, 1869 (W. Reeves), 3ᵉ édit., 1 d. — *Letters to the Working Classes*, 1 p. — *A word for France*; addressed to the workmen of London, 1870, 6ᵉ édit., 1 p. — *Some Public Aspects of Positivism*, 1881, 3 d. — *Chart of Ancient History*, 1 d. — *Chart of Mediæval and Modern History*, 1 d. — *Comte as a Moral Type*, 3 d. — *The Life and Death of William Frey*, 2 d. — *Positivism before the Church Congress*, 1 d. — *Queen Elizabeth* (Macmillan), 2 s. 6 d.

**Dʳ W.-F. BLAKE.** — *Some neglected passages of the « Culte historique » from Comte's Appeal to Conservatives*. London, 1890 (Trubner et Cº).

**F. W BOCKETT.** — *The Workman's Life; What it is, and What it might be*. London (W. Reeves), 2 d.

**F.-A. BRANDAO.** — *A Escravatura no Brazil*. 1857. Bruxelles.

**Dʳ BRIDGES.** — *The Unity of Comte's Life and Doctrine*, London, 1866 (out of print). — *Discourses on Positive Religion*, Contents : *Prayer and Work*; *Religion and Progress*; *Positivist mottoes*; *Centenary of Calderon*; *Man the Creature of Humanity*; *Comte the successor of Aristotle and S. Paul* (W. Reeves), 1 s. — *Positivism and the Bible*, 9 d. — *Colbert and Richelieu*. — *A Catechism of Health*, adapted for primary schools, 1 d. — *The Influence of civilisation on Health*, 6 d. — *The Moral and social aspects of Health*, 2 d. — *History, an Instrument of Political Education*, 3 d. — *Progress*, 1 d. — *Centenary of the French Revolution*, 4 d. — *A general View of Positivism*, translated from the French of A. Comte, 8 s. 6 d. — *Harvey and his Successors*, Oration delivered at the royal College of Physicians of London (Macmillan), 1 s.

**W.-M.-W. CALL.** *Translation of the Preliminary Discourse on the Positive Spirit*, Cambridge, 2 s. 6 d. — *Golden Histories*, 1871. — *Reverberations*, 2ᵉ édit. 1876.

**Dʳ CANCALON.** — *Pasteur et le Positivisme* (Extrait de la *Revue occidentale*). Broch., 0,50 c.

**CERCLE DES PROLÉTAIRES POSITIVISTES DE PARIS.** — *Des Caisses de retraite pour les vieux ouvriers* : Réponse au questionnaire dressé par la Commission parlementaire (1880), 0,25 c. — *Le Positivisme au Congrès ouvrier de Paris* (1881) : Discours prononcés par E. Laporte sur l'*Enseignement professionnel*; par I. Finance sur les *Sociétés coopératives*; par F. Magnin sur la *Représentation des ouvriers au Parlement*, br., 0,50 c.

**Dʳ CLÉBERT.** — *Tables analytiques des matières contenues*: 1º *dans les 21 premiers volumes de la* Revue occidentale (mai 1878 à janvier 1889), 0,30; 2º *dans les 10 volumes suivants* (janvier 1889 à janvier 1894), 0,15 c.

**Dʳ RICHARD CONGREVE.** — *The Roman Empire of the West*, London, 1855 (Trübner), 4 s. — *Elizabeth of England*, 1862, 2 s. 6 d. — *India* (J. Chapman), 1 s. Trad. fr., épuisée. — *The new Religion in its attitude towards the old*, 1 s. — *The propagation of the Religion of Humanity*, 1 s. — *Ireland*, 1868, 1 s. — *The Labor question*, 4 d. — *Introduction to the Synthèse Subjective*, translated from the French of A. Comte, 2 s. 6 d.

**LOUIS CONS.** — *Un Cours d'Histoire de France depuis les origines jusqu'à nos jours*, Paris (Delagrave). — *Biographies d'hommes illustres des temps anciens et modernes*, 1 vol.

**W. DE CONSTANT-REBECQUE.** — *Synthetische overdenkingen*, in den ges. van het Positivisme, Betreffende Wijsbegeerts, zedeleer en Religie, La Haye, 1857. Traduct. fr., 1 vol., 6 fr. — *Appréciation positive du Mysticisme chrétien et spécialement de l'Imitation*, 1 vol., 3 fr.

**H.-J.-S. COTTON.** — *New India*, Calcutta.

**HENRI CROMPTON.** — *Letters on social and political subjects*, London, 1870. — *Industrial Conciliation*, 1876, trad. fr., par J. Weiler (Bruxelles). — *Industrial Organisation*, 1 d. — *The Western Revolution*, 3 d.

**OSCAR D'ARAUJO.** — *Le Fondateur de la République Brésilienne* (Benjamin Constant Botelho de Magalhães). Paris, 1891 (L. Boulanger). — *L'Idée républicaine au Brésil*. 1893 (Perrin). 1 vol., 2 fr. 50.

**T.-L. DONKIN AND R. CONGREVE.** — Translation of *Appeal to Conservatives* by A. Comte, London (Trübner), 1 vol., 2 s. 6 d.

**ANTONIN DUBOST.** — *Des Conditions de Gouvernement en France*, Paris, 1 vol. (Alcan), 7 fr. 50. — *Danton et la Politique contemporaine* (Charpentier), 3 fr. 50. — *Danton et les Massacres de Septembre* (Charavay).

**Dʳ PAUL DUBUISSON.** — *Des quatre Sens du toucher et en particulier du Sens de la musculation*, Paris, 1875, br. in-8º, 1 fr. 50. — *La Crémation*, en collaboration avec le Dʳ A. Lacassagne, br. grand in-8º, de 92 pages, 2 fr. — *Du Principe délimitateur de la Criminalité et de l'Aliénation*. Lyon, 1892 (Storck). Extrait des *Archives de l'Anthropologie criminelle*. Broch. de 32 pages.

**HENRY EDGER.** — *Comte's Positivist Calendar*, New-York, 2 s. 6 d. — *Modern Times, the labour question and the family*, 3 p. — *A series of seven lectures on the Religion of Humanity*. — *The Positive Community : Glimpse of the regenerated future of the human Race*, 5 p. — *A. Comte and the middle Ages*, Presbourg.

**HENRI ELLIS.** — *What Positivism Means*, London (W. Reeves), 1 d.

**ISIDORE FINANCE.** — *Des Chambres syndicales ouvrières et des Associations coopératives* : Discours prononcés au Congrès ouvrier de Marseille, 0,15 c.

**F.-G. FLEAY.** — *Three Lectures on Education*, London (W. Reeves), 1 s.

— III —

**DON JOSÉ SEGUNDO FLOREZ.** — *Teatro espanol escojido. Colleccion selecta del antiguo teatro espanol*, Paris, 1854 (Garnier), 1 vol., 8 fr.

**J.-B. FOUCART.** — *La Grève des charbonniers d'Anzin en 1866.* — *Le projet Dufaure et le Droit d'association*, 0,50 c. — *La Toussaint*, ode, 1 fr. — *La Cité nouvelle*, ode, 1 fr.

**P. FOUCART.** — *Le Centenaire de Voltaire*, 1 fr. — *De la Fonction industrielle des femmes*, 1 fr. — *La Mode et le Salaire*, 0,50 c.

**WILLIAM FREY.** — *Positivism and Socialism*, 1885. — *On Religion*, 2 d., London.

**JAMES GEDDES.** — *The Month Gutenberg or Modern Industry*, London, 1871.

**G.-S. HALE.** — *An historical Sketh of religious economy*, relative to the future race.

**J. CAREY HALL.** — *A general view of Chinese civilization* from the French of P. Laffitte. Yokohama.

**E.-B. HARRISON.** — *Service of Man :* Hymns and Poems, 6 d.

**FRÉDÉRIC HARRISON.** — *Oliver Cromwell*, London, 1889 (Macmillan), 1 vol., 2 s. 6 d. — *The Choice of Books*, 5 s. — *The Industrial Republic* (W. Reeves), 1 d. — *Marriage*, 2 d. — *The Memory of the Dead*, 1 d. — *A New Era*, 1 d. — *Order and Progress :* I. Thoughts on government; II. Studies of political crises, 1875. — *Destination; or Choice of a Profession*, 2 d. — *Moral and Religious Socialism*, 2 d. — *New Years's Address to the Positivists of New-York* 1886, 1 d. — *The Positivist Library*, 6 d. — *The Presentation of Infants*, 1 d. — *The Centenary of the Revolution*, 1 d.

**O.-G. HIGGINSON.** — *Auguste Comte*, London (W. Reeves), 1 d. — *A More Excellent Way*, 1 d. — *The Moral significance of the tory of Faust*, Manchester (E.W. Allen), 2 d. — *Maxims from Comte's Works*, 1/2 d. — *Syllabus of Lectures :* The Sciences, what they are, and how they grew, 1 d. — *What Therefore Ye Ignorantly Worship*, 1 d.

**HENRY DIX HUTTON.** — *Comte, the Man and the Founder :* personal recollections to which are added *Portraits, Memorials*, and *Tabular Selections*, London (Reeves et Turner), 6 pence.

**JOHN K. INGRAM.** — *The present Position and Prospects of political Economy*, Dublin, 1878 (Ponsomby). — *Work and the workman*, 6 d. — *History of political Economy*, 6 s.

**INVOCATION A L'HUMANITÉ**, chant religieux pour voix de basse, avec accompagnement de piano, paroles et musique, 2 fr.

**D$^r$ JABELY.** — *Les Solutions sociales du Positivisme*, br. (épuisé).

**CH. JEANNOLLE.** — *De la Participation des Ouvriers dans les entreprises de travaux publics* (1882). Br., 1 fr.

**CH. JUNDZILL.** — *La Philosophie positive*, br. (épuisé).

**D$^r$ KAINES.** — *The Beauty of Holiness*, London (W. Reeves), 2$^e$ édit., 4 d. — *Seven Lectures on the Doctrines of Positivism*, 2 s. 6 d. — *Condorcet's Arithmetic*, Translated, 1 s. 6 d. — *Our Daily Faults and Failings*, 1 d. — *The Nature and Scope of the Positivist Library*, 6 d. — *Clairaut's Elements of Geometry* (Trubner), 4 s. 6 d.

**AUGUSTE KEUFER.** — *La Découverte de l'Imprimerie*, br.

**SAMUEL-A. KUN.** — *Le Programme de l'Avenir :* réponse à Mgr. Schlauch, évêque de Szathmar, en Hongrie, br. in-8°, 1 fr. — A POSITIVISMUS MINT VALLASRENDSZER Comte Agost Munkai Nyoman. Budapest (Révai Leo), 1892, Ara 80 kr. — *Posivista Kalendariom* (tablazat), Ugyanott, 10 kr. — *A Sociologia helye a tudomanyok soraban*. D$^r$ BRIDGES, utan angolbol (Athenaeum 1894, folyam 3 szam, 389 lap.). — D$^r$ *Lacassagne megnyito beszéde a lyoni bortonügyi congressuson*. Francziabol fortitva (Athenaeum, 1894, 4 szam, 526 lap). — *A foldmives nokrol.* Laffitte utan francziabol (Athenaeum, 1895, 4 fuzet, 604 lap). — *Toth Bela Szajrol-szajra czimü müverol* (Athenaeum, 1895, 2 sz., 301 lap). — *The New Calendar of Great Men*, Eloszo, angolbol forditva (Athenaeum, 1895, 4 füzet, 610 lap). — *Herbert Spencer evolutio-theoriaja*. D$^r$ BRIDGES utan angolbol (Athenaeum, 1896, 1 sz., 110 lap).

D&#114; **A. LACASSAGNE.** — *Précis d'Hygiène privée et sociale*, 4&#101; édit. Paris, 1895 (Masson). 1 vol. in-18 de 667 p. Prix, 7 fr. 50.

**E. LAPORTE ET I. FINANCE.** — *Du Marchandage et du Travail à la minute* (1879), 0,15 c.

**LASTARRIA.** — *La Politica Positiva*. 1877. Chili.

**A.-M. DE LOMBRAIL.** — *Aperçus généraux sur la Doctrine positiviste*, Paris, 1858 (Capelle), 1 vol. (épuisé).

**JOS. LONCHAMPT.** — *Essai sur la prière*, 3&#101; édit., 0,50 c. — *Principes de mécanique générale*, br.

D&#114; **MARC LORIN.** — *Aperçu général de l'Hérédité et de ses lois*. Paris, 1875 (Delahaye), broch. de 89 pages (épuisé).

**VERNON LUSHINGTON.** — *Mozart*, London (W. Reeves), 3 d. — *Shakespeare*, 3 d. — *The Worship of Humanity*, 3 d. — *The Day of all the Dead*, 3 d.

**FABIEN MAGNIN.** — *Lettre sur la grève des ouvriers du bâtiment à Londres*, 1862, br. in-8&#111;, 0,75 c. — *Le Congrès ouvrier de Marseille*, programme et lettre adressés aux organisateurs, 0,15 c.

**HARRIET MARTINEAU.** — *The Positive Philosophy of Aug. Comte*, translated and condensed, 3&#101; édit., London, 1875 (K. Paul et C&#111;), 2 vol.

**MEHAY.** — *La théorie atomique et le rôle de l'imagination dans la science*, br. — *Relations numériques entre le volume des corps composés et l'atomicité de leurs éléments*, br.

D&#114; **JOAQUIM RIBEIRO DE MENDONÇA.** — *Do Espirito positivo*, por A. Comte, San Paulo, br. — *Da Nutricão*, Rio-de-Janeiro, 1876.

**JOHN G. MILLS.** — *Positivist Prayer*; from the French of J. Lonchampt, New-York.

**CAMILLE MONIER.** — *Exposé populaire du Positivisme*, 0,75 c. — Trad. de LIBANIO DA SILVA, *Precedida de una apresentação por* THEOPHILO BRAGA, Lisbonne, 1892 (Companhia Nacional, Largo do Conde Barao, 57). — *Utan Atdolgozta és bevezetessel Ellatta* KUN Samuel, Budapest, 1897 (Révai Léo udvari konyvkereskedese) tra 1 frt.

**J. COTTER-MORISON.** — *Gibbon*, London (Macmillan), 1 vol., 2 s. 6 d. — *Macaulay*, 1 vol., 2 s. 6 d. — *St.-Bernard of Clairvaux*. — *Johan of Arc*. — *The Conception of God*. — *The Relation of Positivism to Art*. — *The Service of Man, an Essay towards the Religion of the Future*, 6 s.

**R. NEWMAN.** — *John Milton*, London (W. Reeves), 2 d.

D&#114; **ANTON NYSTROM.** — *Positivisk Kalender*, Stockholm, 1875, 50 ore. — *Positivistisk Andakts-Bok*, 50 ore. — *Den Gamlartiden infor den mya, positivistiska dialoger*: 1&#111; *Teologien och Positivismen*;. *Metafysiken och Positivismen* (1875), 1 krona. — *Allmän Kulturhistoria eller det Mänskliga Lifvet i dess Utveckling* (Loostrôm et Komp), vi vol., 43 kr. 50 ore. — *Positivismen, En systematisk framställning af denna lära, jemte en biografi ofver dess grundläggare A. Comte* (1879), 6 kr. — *Samhälliga Tidsfrägor, en följd af folkskrifter* (1879-1881), 20 ore häft. — *Gyldene Ord ur Mänsklighetens albmänna religion* 2: a upple (1881), 25 ore. — *Leon Gambetta, och personlighetens betydeke i politiken* (1883), 40 ore. — *Positivismen och Herb. Spencer eller dr H. Spencers filosofi ett framsteg eller en tillbakagäng* (1887), 50 ore. — *Socialismens omöjlighet*, etc., jämte *praktiska vinkar om arbetarefrägans lösning utan socialism* (1892), 1 kr. — KOMPOSITION ER FOR VIOLIN, MED PIANOACCOMPAGNEMENT: N&#111; 1, *Fantasier i folkton*, 1 krona; N&#111; 2, *Mazurek och Berceuse*, 1 krona; N&#111; 3, *Rallad*, 1 krona, 50 or. Stockholm (Lofvinzs Musikhandel).

O&#109; **LOUISE NYSTROM.** — *Den Positiva Filosofien*, Stockholm, 1889 (Alb. Bonniers), 1 krona. — *Religionens varende och Mensklighets begreppel af A. Comte*, 1880.

**J. ODGERS.** — *A positivist Service*, Manchester, 1886.

**HENRI D'OLIER.** — *Table analytique du Système de Politique positive d'Auguste Comte*, 1 fr. 50.

**ALV. JOAQ. DE OLIVEIRA.** — *Apontamentos de Chimica*, Rio-de-Janeiro.

**J. W. OVERTON.** — *Saul of Mitre Court* a Novel.

**Dr PORFIRIO PARRA.** — *El Agua*, pema lirico descriptivo. Mexico, 1895 (Officina tip. de la Secretaria de Fomento).

**ANDRÉ POEY.** — *Le Positivisme* (G. Baillière), 1 vol., 3 fr. 50.

**INTERNACIONAL POLICY.** — *Essays on the Foreign Relations of England*; 2e édit., London, 1884 (Chapman and Hall), 2 s. 6 d. Contents : *The West* by Congreve; *England and France* by F. Harrison; *England and the Sea*, by E.-S. Beesly; *England and India* by, E.-H. Pember, *England and China*, by Dr Bridges; *England and Japon*, by Ch.-A. Cookson; *England and the Uncivilised Communities*, by H.-D. Hutton.

**THE POSITIVIST REVIEW**, par E.-S. BEESLY, price Threepence or free by Post Threepence Halfpenny (William Reeves, 185, Fleet Street. E. C. London).

**JULES RIG (J.-E. RIGOLAGE).** = *Résumé de la Philosophie positive d'Auguste Comte*, Paris, 1881, 2 vol. in-8º (J.-B. Baillière), 20 fr. (épuisé). — Uebersetzt von J.-H.-V. KIRCHMANN, Heidelberg, 1883 (G. Weiss Verlag). — Dle vytahu J. Rigova z franciny prelozil R. BREJCHA. Prague, 1889 (V. kommissi c. k. cesk. univ. knihkupectvi Bursik a Kohout). 1 flor. 70 kr. = *La Sociologie d'A. Comte* (Résumé des 3 derniers volumes du Cours de Philosophie positive). Paris, 1897 (Alcan), 1 vol. in-8º, 7 fr. 50.

**AHMED RIZA.** — *La Tolérance Musulmane*. Paris, 1897 (Clamaron-Graff), broch. de 38 pages, 0,50 cent.

**Dr GABRIEL ROBINET.** — *Sur les prétendus dangers présentés par les Cimetières en général*, broch.

**Dr ROBINET.** — *Notice sur l'Œuvre et sur la Vie d'A. Comte*, 1 vol., 10 fr. — *La Philosophie positive, A. Comte et M. P. Laffitte* (Alcan) 0,60 c. — *Le Procès des Dantonistes*, 1 vol., 10 fr. — *Danton : mémoire sur sa vie privée*, 1 vol., 6 fr. — *Danton émigré*, 1 vol., 4 fr. — *Danton homme d'Etat* (Charavay), 1 vol., 10 fr. — *Lettres sur les Animaux*, par George LEROY, 4e édit., avec une introduction, 3 fr. 50 (épuisé). — *Condorcet, sa Vie et son Œuvre*, 1 vol., 10 fr.

**ALFRED SABATIER.** — *Programme d'éducation positive*, 1 vol. in-8º, 1 fr. 50.

**Dr L.-A. SEGOND.** — *Histoire et Systématisation générale de la Biologie*, Paris, 1851 (J.-B. Baillière), 1 vol., 2 fr. 50 (épuisé). — *Traité d'Anatomie générale*, 1854 (V. Masson), 1 vol., 6 fr. (épuisé).

**Dr E. SEMERIE.** — *Des Symptômes intellectuels de la folie*, 2e édit., 1 fr. — *La Loi des trois états*, 1 fr. — *Théologie et Science*, br., 4e éd. (épuisé).

**SOCIÉTÉ POSITIVISTE DE PARIS.** — *Pétition au Conseil municipal contre le Cimetière de Méry-sur-Oise*, 1874, in-fº, 0,10. — *Protestation des électeurs municipaux contre le nouvel emprunt de 120 millions*, 1876, in-4º, 0,10. — *Lettre à M. le Président du Conseil municipal de Paris*, 1878, in-4º, 0,10. — *Adresse au Conseil municipal de Paris pour l'exercice 1878-1880*, in-4º, 0,10. — *Adresse au Conseil municipal de Paris contre le nouveau projet d'ouverture du Cimetière de Méry-sur-Oise*, 1881, 0,10. — *Adresse à Midhat-Pacha, ancien grand-vizir de l'Empire ottoman*, 1877, 0,25. — *Programme pour les élections municipales*, 9 janvier 1881, 0,10. — *Programme pour les élections législatives* (21 août 1881), 0,20.

**Dr TEIXEIRA DE SOUZA.** — *Calderon de la Barca*, Rio-de-Janeiro, 1881, in-18.

**H. STUPUY.** — *Œuvres philosophiques de Sophie Germain, avec Notice*. 1 vol., 3 fr. 50. 2e édit. — *L'Orpheline*, 1 acte en vers, 0,50 c.

# LA REVUE OCCIDENTALE

## ORGANE DU POSITIVISME

### PHILOSOPHIQUE, SOCIALE ET POLITIQUE

---

La **Revue occidentale** paraît tous les deux mois, en Janvier, Mars, Mai, Juillet, Septembre, Novembre, par livraison d'environ neuf feuilles.

Les abonnements partent du 1ᵉʳ Janvier et du 1ᵉʳ Juillet.

Le prix de l'abonnement d'un an est :

Pour la France et l'Algérie............ **20** fr.
— les Pays de l'Union postale.......... **22**
— les Pays non compris dans l'Union postale. . **25**

Prix du Numéro : **3** fr. **50** c.

S'adresser, pour tout ce qui concerne l'administration, les abonnements, etc., à M. Brecville, Administrateur de la *Revue occidentale.*

S'adresser, pour tout ce qui concerne la rédaction, à M. le Dʳ Constant Hillemand, Secrétaire de la *Revue occidentale.*

10, rue Monsieur-le-Prince

---

THE NEW CALENDAR OF GREAT MEN : *Biographies of the 558 worthies of all Ages and Nations in the positivist Calendar of A. Comte* (London and New-York, Macmillan, cash price 7/6 net) by : — E. Spencer Beesly. M. A. Oxon., prof. of History, Univ. Coll. Lond. — J.-H. Bridges. M. B. Oxon., formerly Fellow of Oriel Coll. — T. Fitz-Patrick. M. A., M. D., Univ. Dublin. — J. Carey Hall. H. M., Consular Service. — F. Harrison. M. A. Oxon., formerly Fellow of Wadham Coll. — Mʳˢ F. Harrison. — G.-G. Higginson. M. A. University of London. — J. Kaines. Sc. D. — Godfrey Lushington. C. B., M. A. Oxon. — Vernon Lushington. Q. C., M. A. Trin. Coll. Cam. — G. P. Macdonell. M. A. University of Aberdeen. — Lady Macfarren. — Francis S. Marvin. M. A. Oxon., a Senior Scholar of St. John's Coll. — Alfred Senier. Phil. Dʳ Univ. Berlin. — S. H. Swinny. M. A. St. John's Coll. Cam. = Traduction française, par Avezac-Lavigne, 13 fascicules à 1 fr.

# ŒUVRES D'A. COMTE ET DE P. LAFFITTE

(*En vente aux Bureaux de la* Revue occidentale)

## AUGUSTE COMTE.

**Cours de philosophie positive** (5ᵉ édit.), 6 vol. à 8 fr. chaque : — 1ᵉʳ vol. *Préliminaires généraux* et *Philosophie mathématique*. — 2ᵉ vol. *Philosophie astronomique* et *Philosophie de la physique*. — 3ᵉ vol. *Philosophie chimique* et *Philosophie biologique*. — 4ᵉ vol. *Partie dogmatique de la Philosophie sociale*. — 5ᵉ vol. *Partie historique de la Philosophie sociale*. — 6ᵉ vol. *Complément de la Philosophie sociale et Conclusions générales*. = *Extrait du Cours de Philosophie positive*, à l'usage des candidats au Baccalauréat, 1ʳᵒ, 2ᵉ, 3ᵉ et 10ᵉ leçons. Paris (Delagrave), 1 vol. 2 fr. 50.

**Système de politique positive**, 4 vol., 30 fr. Chaque volume se vend séparément : = 1ᵉʳ vol. : Discours préliminaire sur l'Ensemble du Positivisme — (*übersetzt* von E. Roschlau, Leipzig, 1894, Reisland, 8 mark; traduction suédoise par L. NYSTROM et C. BILLEBERQ, Stockholm, 1895) — et Introduction fondamentale (2ᵉ édit.), 8 fr.; = 2ᵉ vol. : Statique sociale, 6 fr.; = 3ᵉ vol. : Dynamique sociale, 7 fr.; = 4ᵉ vol. : Tableau de l'Avenir humain et Appendice général, 9 fr. L'Appendice général contient les premiers opuscules de A. Comte, savoir : — Séparation générale entre les Opinions et les Désirs (1819). — Ébauche philosophique de l'ensemble du passé depuis le milieu du moyen âge (1820). — Plan des Travaux scientifiques pour réorganiser la Société (1822). — Considérations philosophiques sur les sciences et les savants (1826). — Considération sur le pouvoir spirituel (1826). — Examen du Traité de Broussais sur l'Irritation et la Folie (1828).

**Catéchisme positiviste**, 3ᵉ édit., 1 vol. in-12, 3 fr.; — *translated* by R. CONGREVE, London (Kegan Paul, Trubner), 2 s. 6 d.; — *übersetzt* von E. ROSCHLAU, Leipzig, 1892 (O. Wigand). = *Calendrier positiviste* et *Bibliothèque positiviste au XIXᵉ siècle*, 0,20 c.

**Appel aux conservateurs**, 1855, 1 vol. in-8°, 3 fr.

**Synthèse subjective** ou Système universel des conceptions propres à l'état normal de l'Humanité : — 1ᵉʳ vol. *Système de logique positive* ou *Traité de philosophie mathématique* (1856), 9 fr.

**Essais sur la Philosophie des mathématiques**, 2 broch. à 1 fr.

**Traité élémentaire de Géométrie analytique**, précédée de la *Géométrie de Descartes*, 2ᵉ édit., Paris (L. Bahl), 1 vol., 12 fr.

**Traité philosophique d'Astronomie populaire**, 2ᵉ édit., 1 vol., 7 fr. — *Discours sur l'esprit positif*, 1 vol. in-18, 2 fr.

**Lettres d'Auguste Comte à Valat**, 1 vol., 6 fr.

**Lettres d'Auguste Comte à J. Stuart Mill**, 1 vol., 10 fr.

**Testament et Correspondances**, 1 vol., 10 fr.

**Opuscules de Philosophie sociale**, 1819-1828, 1 vol. in-12 de 310 pages, contenant toutes les publications mentionnées ci-dessus à l'*Appendice général du Système de Politique positive*, 3 fr. 50.

## PIERRE LAFFITTE.

**Cours philosophique sur l'Histoire générale de l'Humanité** : — *Discours d'ouverture*, 1 vol. in-8, Paris, 1859, 2 fr. 50. — *Considérations générales sur l'ensemble de la Civilisation chinoise et sur les relations de l'Occident avec la Chine*, Paris, 1869, 1 vol. in-8°, 3 fr. (épuisé). — *La Révolution française*, 2ᵉ édit., 1 vol., 1 fr. — *Cours d'Histoire générale des sciences*, professé au Collège de France (*Discours d'ouverture*), br. in-8°, 0,50 c.

**Les Grands Types de l'Humanité**, appréciations philosophiques des principaux agents de l'évolution humaine : — *La Théocratie* (Théorie générale du Calendrier; Moïse; Bouddha; Mahomet), Leçons rédigées par le Dr P. Dubuisson. Paris, 1875, 1 vol. de 445 pages, 7 fr. 50.
— *L'Antiquité Gréco-Romaine* (Homère, Thalès, Aristote, Socrate et Platon, Archimède, Scipion, César). Leçons rédigées par P. Dubuisson, 1876, 1 vol. de 520 pages, 7 fr. 50. — *Les Grands Types du Catholicisme* (1897), 1 vol. in-8° de 700 pages, 7 fr. 50. — *Toussaint-Louverture*, broch. in-8°, 1 fr. — *Centenaire de Diderot*, broch. in-8°, 1 fr.

**Cours de Philosophie première :** — 1er vol. *Théories générales de l'Entendement*, 7 fr. 50 ; — 2e vol. *Lois universelles du monde*, 6 fr.

**Le Positivisme et l'Economie politique**, 0,50 c.

**Considérations générales à propos des Cimetières de Paris**, 1 fr.

Pour paraître ultérieurement, **Cours de Morale positive :** — 1er vol. *Morale théorique* ou *Connaissance positive de l'Homme* ; — 2e vol. *Morale pratique* ou *Théorie positive de l'Education*.

## Dernières publications :

5e édition du **Cours de Philosophie positive**, par A. COMTE. 6 volumes à 8 fr.

**Système de Politique positive**, par Auguste COMTE, réédition, 4 vol., 30 fr. — Chaque volume se vend séparément.

**Discours sur l'Esprit positif**, par Auguste COMTE, édition du Centenaire, 2 fr.

2e volume du **Cours de Philosophie première** (*Lois universelles du monde*), par P. LAFFITTE, 6 fr.

**Le Catholicisme**, par Pierre LAFFITTE, 1 vol. in-8° de 700 pages. Prix : 7 fr. 50.

**La Révolution française**, par P. LAFFITTE, avec préface du Dr Robinet, 2e édition, 1 vol., 1 fr.

**Le Nouveau Calendrier des Grands Hommes**, traduit de l'anglais par AVEZAC-LAVIGNE, 2 vol., 13 fr.

**Condensation de la Philosophie positive**, par Miss Martineau, traduit de l'anglais par AVEZAC-LAVIGNE, 2e édit., 2 vol., 16 fr.

**Résumé de la Sociologie d'Auguste Comte** (*Philosophie positive*), par E. RIGOLAGE, 1 vol., 7 fr. 50.

**Visao dos tempos, Epopea da Humanidade**, por Theophilo BRAGA : t. Ier, *Cyclo da Fatalidade*; t. II, *Cyclo da Lucta* (*Universalismo hellenico e romano*); t. III, *Cyclo da Lucta* (*Regimen catholico-feudal*); t. IV, *Cyclo da Liberdade*.

2e édition des **Œuvres philosophiques de Sophie Germain**, avec une Notice, par Hippolyte STUPUY.

**Az Aesthetika Elvei, a positivismus szempontjabol** irta KUN SAMUEL, 1896, Budapest (Revai Léo udvari konyvkereskedése) ara 1 korona. — **Diderot valogatott filozofiai müvei** forditotta KUN SAMUEL. Budapest (Franklin-Tarsulat) ara 80 kr.

Signalons, en outre, la publication chez VIGOT, libraire, 10, rue Monsieur-le-Prince, du **Traité du Beau**, de BARTHEZ, qui fait partie de la Bibliothèque positiviste et qui était épuisé, 1 vol., 5 fr.

Chez VIGOT paraît également un **PORTRAIT d'A. COMTE**,
GRAVÉ PAR WILLIAM BARBOTIN

Epreuves sur Hollande, avec la lettre, 3 fr.; — sur Japon, 5 fr.; — sur Japon, avant la lettre, 10 fr.

Format 38 × 28 pouvant être joint à l'édition des *Œuvres de Comte*.

Versailles. — Imp. Aubert, 6, avenue de Sceaux.

www.ingramcontent.com/pod-product-compliance
Lightning Source LLC
LaVergne TN
LVHW051505090426
835512LV00010B/2360